예수님만으로
충분한 인생

TO LIVE IS CHRIST TO DIE IS GAIN
by Matt Chandler and Jared C. Wilson

Originally published in English under the title: To Live is Christ To Die is Gain
Copyright ⓒ 2014 by Matt Chandler and Jared C. Wilson
David C Cook, 4050 Lee Vance View,
Colorado Springs, Colorado 80918 U.S.A.
All rights reserved.

Korean Edition published by Word of Life Press, Seoul 2017
Translated and published by permission.
Printed in Korea.

ⓒ 생명의말씀사 2017

2017년 2월 23일 1판 1쇄 발행

펴낸이 | 김재권
펴낸곳 | 생명의말씀사

등록 | 1962. 1. 10. No.300-1962-1
주소 | 서울시 종로구 경희궁1길 5-9(03176)
전화 | 02)738-6555(본사) · 02)3159-7979(영업)
팩스 | 02)739-3824(본사) · 080-022-8585(영업)

기획편집 | 임선희
디자인 | 조현진
인쇄 | 영진문원
제본 | 정문바인텍

ISBN 978-89-04-16581-0 (03230)

저작권자의 허락없이 이 책의 일부 또는 전체를
무단 복제, 전재, 발췌하면 저작권법에 의해 처벌을 받습니다.

예수님만으로 충분한 인생

TO LIVE IS CHRIST
TO DIE IS GAIN

매트 챈들러 with 제라드 윌슨 지음
김태곤 옮김

생명의말씀사

그동안 교회에 큰 유익을 끼쳐온 바울의 빌립보서가 이 책을 통해 강력하고도 새롭게 조명된다. 매트는 빌립보서의 풍성한 보화를 파내어 우리로 하여금 결코 정체된 기독교로 만족하지 않도록 가르친다.

_ 카일 아이들먼(Kyle Idleman)
Southeast Christian Church 목사, 『팬인가 제자인가』 저자

매트의 글은 최선의 자극이 될 것이다. 우리는 무감각한 삶을 원치 않는다. 삶은 놀이가 아니며 하나님이 신화적 존재가 아니심을 기억하기 위해 우리에게는 종종 따끔한 자극이 필요하다. 이 책에서 당신은 그 무엇보다 하나님을 갈망하는 자신을 다시금 발견할 것이다.

_ 제니 알렌(Jennie Allen)
『Anything』 저자

예수님을 아는 것은 생의 본질이다. 이 책에서 매트 챈들러는 그분을 향한 우리의 사랑을 고무시킨다. 매트의 아름답고, 실제적이며, 직설적인 빌립보서 해설은 당신을 성숙으로 이끌 것이며 주님과의 동행을 더욱 굳건하게 할 것이다. 오늘 당장 읽어보라.

_ 루이 기글리오(Louie Giglio)
Passion City Church, Passion Conferences 목사, 『Indescribable』 저자

매트 챈들러의 글이라면 성경의 어떤 주제에 대해서도 신뢰가 가지만 제자도에 대해서는 특히 그렇다. 이 책은 당신이 예수님을 본받아 살도록 도와줄 것이다.

_ 대린 패트릭 박사(Dr. Darrin Patrick)
The Journey 목사, 『교회 개척자』, 『For the City』, 『The Dude's Guide to Manhood』 저자

내가 개인적으로 아는 사람 중 진정한 고난을 당한 사람은 극히 드물다. 고난을 잘 감당한 사람은 더 드물다. 하지만 매트 챈들러는 고난을 잘 감당한 사람이다. 이 책은 그리스도의 제자인 우리의 주요 소명이 자신에 대해 죽는 것임을, 그리고 그 죽음을 통해서만 진정한 삶이 가능함을 상기시키는 데 탁월하다.

_ 매트 카터(Matt Carter)
 Austin Stone Community Church 목사, 「The Real Win」 공동 저자

지금까지 매트 챈들러는 여러 저서를 통해 성경의 풍성한 지혜를 제시해 왔다. 이 책도 예외가 아니다. 이 책은 우리가 가진 모든 것으로 예수님을 따르도록 인도한다. 간결하면서도 심오한 책이다. 강력한 메시지로 모든 함정을 지나 복음의 핵심이신 예수께로 나아가게 한다. 일독을 꼭 권하고 싶다!

_ 마크 배터슨(Mark Batterson)
 National Community Church 목사, 「서클 메이커」 저자

매트 챈들러는 예수님과 복음과 은혜에 매료된 사람이다. 이 책에서 그는 빌립보서 여행을 안내하며, 오직 예수께 집중된 아름다운 삶을 제시한다.

_ 래리 오스본(Larry Osborne)
 North Coast Church 목사, 「Sticky Church」 저자

오드리, 레이드, 그리고 노라.
하나님의 은혜로 말미암아
죽음을 두려워할 필요가 없으며
그분이 생명이심을 너희가 알 수 있기를 기도한다.

목차

시작하는 글 그리스도 안에서 완전한 자로

1. 복음은 모든 것을 초월한다　　　　　　　　14
로마의 핵심 도시, 빌립보 | 성공한 여성 사업가 | 귀신 들린 여종 | 평범한 블루칼라 | 새로운 복음 공동체

2. 하나님께 영원한 생명이 있다　　　　　　　32
복음에 합당한 삶 | 더 큰 날, 더 큰 상급 | 겸손한 연합 | 복음이 주는 용기

3. 겸손한 자가 높임을 받는다　　　　　　　　50
다툼과 허영의 실체 | 겸손케 하는 두려움, 경외 | 긍휼히 여김을 받은 사람들 | 자원, 구원, 관계의 은혜

4. 교회는 그리스도의 형상을 대변하는 존재다　70
바람을 잡으려는 허망함 | 예수 그리스도의 겸손과 희생 | "그리스도의 일을 위하여" | 진지한 점검

5. 그리스도인의 목표는 '예수님'이다　　　　　88
항상 지는 게임 | 오직 그리스도 안에서 발견되는 것 | 자아 죽이기 | 복음을 향해 매진하는 삶

6. 하나님의 은혜는 넘치도록 풍성하다   **106**
부서진 자를 위한 은혜 | 창세전에 택하신 은혜 | 끝까지 붙드시는 은혜

7. 거룩한 불만은 영적 건강에 유익하다   **120**
좋은 영적 본보기 | 거룩한 불만 | 은혜의 연료

8. 그리스도인의 능력은 복음 안에 있다   **136**
제자 삼기, 제자 되기 | 우리의 시민권과 정체성 | 장차 얻을 것

9. 성숙한 그리스도인은 주 안에서 항상 기뻐한다   **154**
전적으로 온당한 기쁨 | 하나님의 섭리 | 기쁨을 선택하는 노력

10. 주님과 함께라면 아무것도 염려할 것이 없다   **170**
염려에 대한 올바른 태도 | 염려에 대항하는 훈련 | 염려의 크립토나이트 | 경건한 상상

11. 그리스도께서 우리의 전부가 되실 때 모든 것을 할 수 있다   **188**
바울의 회심 | 거듭된 살해 위협 | 복음 중심의 삶 | 그리스도를 지닌 자의 증언

12. 우리의 모든 필요는 예수님 안에서 충족된다   **206**
결코 채워지지 않는 욕구 | 참된 만족의 비결 | 만족 연습 | 영광 중의 풍성함

시작하는 글

그리스도 안에서 완전한 자로

요즘 우리 집에는 즐거움이 넘친다. 오드리는 열 살, 레이드는 일곱 살, 노라는 네 살이다. 분주하고 혼란스러운 면도 있지만, 우리 가정에는 하나님의 은혜로 웃음이 가득하다(물론 때로는 아이들이 벌을 받고 눈물을 흘리기도 한다).

이 정도 나이의 아이들을 둔 대부분의 부모처럼 나는 아이들이 빠르게 커가는 모습에 거의 매일 기겁한다. 기저귀를 갈아주거나 우유를 먹인 후에 트림을 시키던 시절이 언제였던가 싶다. 예전과 비교하면 우리 아이들은 마치 올림픽 운동선수 같다. 갓 태어난 오드리와 열 살인 오드리는 비교가 안 된다. 전혀 다른 사람이다. 열 살인 오드리는 뛰고, 자전거를 타며, 남동생과 대판 싸우고, 친구들을 데려와서 실컷 논다. 때로는 딸아이가 이토록 자랐다는 게 서글프다. 그러나 성장을 멈추었다면 문제는 훨씬 심각할 것이다.

오드리가 전혀 자라지 않는다면 어떨까?

자라며 성숙해가는 대신 성장을 멈추거나 예전 상태로 되돌아간다면 어떻게 될까? 두 살로 되돌아가서 걷지도, 말하지도 못한다면? 여덟 살이 되어도 글을 읽지 못하거나 혼자서 옷을 입지 못한다면 어떨까? 열 살이 되어서도 내가 일일이 데리고 다녀야 하고 입에 묻은 우유를 닦아줘야 한다면 어떻게 될까?

물론 불가피하게 그런 일이 닥친다면 나는 기꺼이 아이를 돌볼 것이다. 그러나 그런 상황은 혀짤배기 아기의 서툰 발음을 듣는 즐거움을 누리지 못하는 아쉬움과는 비교도 안 되는 큰 고통이지 않겠는가. 하나님은 오드리를 신체적으로, 정서적으로, 정신적으로 성숙해지도록 지으셨고, 그분의 은혜 덕분에 아이는 줄곧 성장해왔다. 다른 두 아이 역시 "성장하고 있다."

우리 자신과 관련하여 이와 유사한 내용이 성경에 나온다. 즉 성경은 그리스도 안에서 성숙을 추구하라고 당부한다.

다음 구절을 읽어보자.

그러므로 우리가 그리스도의 도의 초보를 버리고 죽은 행실을 회개함과 하나님께 대한 신앙과 … 교훈의 터를 다시 닦지 말고 완전한 데로 나아갈지니라(히 6:1-2).

형제들아 지혜에는 아이가 되지 말고 악에는 어린아이가 되라 지혜에는 장성한 사람이 되라(고전 14:20).

우리가 그를 전파하여 각 사람을 권하고 모든 지혜로 각 사람을 가르침은 각 사람을 그리스도 안에서 완전한 자로 세우려 함이니(골 1:28).

단단한 음식은 장성한 자의 것이니 그들은 지각을 사용함으로 연단을 받아 선악을 분별하는 자들이니라(히 5:14).

유사한 성경구절을 더 나열할 수 있지만 이 정도만으로도 충분할 것이다. 하나님은 우리가 그리스도 안에서 유아 상태에 머물지 않고 성숙해가기를 바라신다. 이 책에서 다루려고 하는 내용이 바로 그것이다.

우리는 어떻게 성숙해질 수 있을까? 우리에게 '발달장애'가 있다면 어떻게 찾아낼 수 있을까?

독자들이 이 책을 읽고 기도하는 마음으로 그 내용을 자신에게 적용하게 되기를 바란다. 그 결과 하나님께서 빌립보서를 통해 성숙이 무엇인지 보여주시기를, 그리고 그분의 은혜로 온 힘을 다해 성숙에 매진하게 하시기를 기도한다.

1. 복음은 모든 것을 초월한다

•

내가 너희를 생각할 때마다 나의 하나님께 감사하며(빌 1:3).

복음은 바울을 강력히 몰아붙였다.

선교적 교회의 개척자인 바울의 주요 사역 무대는 대도시 지역이었다. 만일 바울이 오늘날의 사람이라면 뉴욕이나 로스앤젤레스, 댈러스, 시카고 같은 곳으로 가서 교회를 개척했을 것이다. 그런 곳에 신앙 공동체를 만들고 지도자를 세우며 복음 안에서 기초를 닦은 후에 다른 지역으로 향했을 것이다.

선한 목자였던 바울은 자신이 개척한 교회들과 계속 접촉하려고 노력했다. 교회들은 당면 문제들을 가지고 그에게 편지했고, 바울은 그에 대해 적절한 지침과 격려를 담은 답신을 보냈다. 빌립보서는 이같은 격려 편지 중 하나지만 바울서신 중에서도 매우 독특하다.

바울의 다른 서신과 달리 빌립보서에는 악한 교훈을 바로잡거나 나쁜 행실을 질책하는 내용이 없다. 그 대신 빌립보교회를 향한 바울의 개인적인 애정과 그들의 신앙적 성숙을 칭찬하고 독려하는 내용이 두드러진다. 이 짧은 서신에서 우리는 예수 그리스도 안에서의 성숙함이 어떤 것인지를 본다.

빌립보서는 이른바 '커피 잔 구절'로 가득하다. '커피 잔 구절'이란 신자들의 마음과 생각에 깊은 감명을 주기 때문에 커피 잔이나 티셔츠, 범퍼 스티커에 새겨진 대중적인 성경구절을 가리킨다.

빌립보서 1장에는 "내게 사는 것이 그리스도니 죽는 것도 유익함이라"라는 문구가 나온다(21절). 2장에서 우리는 예수님의 희생적이며 겸손한 자기 비우심(self-emptying)에 대해 배운다. 이 겸손이 그로 하여금 모든 영예와 영광을 버려두고, 죄인들을 섬기는 일을 통해 하나님을 높이시게 했다. 3장에서 바울은 예수 그리스도를 아는 지식과 비교하여 모든 것을(심지어 좋은 것들마저) 쓰레기로 여긴다. 끝으로 4장에서 우리는 유명하고도 장엄한 선언을 접한다. "내게 능력 주시는 자 안에서 내가 모든 것을 할 수 있느니라"(13절).

바울은 삶에 대해, 그리고 예수님에 관해 우리에게 많은 것을 가르쳐준다.

바울의 다른 서신 중 어느 것을 읽더라도 "이렇게 하라, 저렇게 하지 말라, 이를 중단하라, 저것을 시작하라, 그런 곳에 가지 말라, 이렇게 처신하라, 올바르게 행하라"는 당부들을 발견한다. 이 당부들은 그리스도의 완료된 사역에 근거를 두지만 여전히 구속력을 지니고 있다. 바울은 자신이 개척한 교회들이 많은 과제를 안고 있다고 느낀 것 같다.

그러나 빌립보교회에 대해서는 달리 생각했다. 그들에게도 교정을 요하는 문제들을 지적하는 것 같지만 암시적으로 할 뿐이다. 전반적으로 빌립보서의 내용은 호의적이다. 신약성경 가운데 이 서신은 성숙해가는 교회가 어떤 것인지, 성숙해가는 사람이 어떤 모습인지를 가장 잘 보여준다.

다시 말해 빌립보서는 빌립보인을 향한 바울의 애정으로 가득하다.

그는 그들을 단지 자신이 보살피는 양 무리가 아니라 마음을 나누는 친구로 여기며, 서신을 통해 자신의 속마음을 기탄없이 드러낸다. 그들을 향한 그의 깊은 사랑은 서두부터 엿보인다.

그리스도 예수의 종 바울과 디모데는 그리스도 예수 안에서 빌립보에 사는 모든 성도와 또한 감독들과 집사들에게 편지하노니 하나님 우리 아버지와 주 예수 그리스도로부터 은혜와 평강이 너희에게 있을지어다 내가 너희를 생각할 때마다 나의 하나님께 감사하며 간구할 때마다 너희 무리를 위하여 기쁨으로 항상 간구함은 너희가 첫날부터 이제까지 복음을 위한 일에 참여하고 있기 때문이라 너희 안에서 착한 일을 시작하신 이가 그리스도 예수의 날까지 이루실 줄을 우리는 확신하노라 내가 너희 무리를 위하여 이와 같이 생각하는 것이 마땅하니 이는 너희가 내 마음에 있음이며 나의 매임과 복음을 변명함과 확정함에 너희가 다 나와 함께 은혜에 참여한 자가 됨이라 내가 예수 그리스도의 심장으로 너희 무리를 얼마나 사모하는지 하나님이 내 증인이시니라(빌 1:1-8).

마지막 문장은 조금 의아스러운 느낌을 준다. "내가 예수 그리스도의 심장으로 너희 무리를 얼마나 사모하는지…." 우리가 아는 바울은 매우 강인한 남자다. 즉 남자 중의 남자. 하지만 그는 빌립보 친구들을 '사모할' 정도로 깊은 유대감과 애정을 보인다. 그의 사랑이 얼마나 깊었는지 아는가? 그것은 바로 주 예수 그리스도를 근원으로 하는 사랑이다.

그 사랑은 예수 그리스도를 십자가로 이끌었다. 예수님으로 하여금 체포와 고통과 죽음을 감수하게 했다. 그것은 깊고 풍성한 사랑이다. 바울은 자신의 마음속에 있는 그리스도의 사랑으로 빌립보 교인들을 사모한다고 말한다.

바울은 자신의 서신을 받은 모든 교회를 사랑했다. 그들 모두를 주의 사랑으로 사랑했고, 교회마다 각기 다른 종류의 관심과 애착을 보였다. 예를 들어 갈라디아 교인들에게는 분노의 감정을 피력한다. 그것 역시 사랑의 표현이다. 이교 사상을 받아들인 교회를 바로잡으려는 간절한 마음이었다. 양떼를 징계하는 애정 어린 목자의 마음이다. 에베소서에서 바울은 그 교인들이 창세전에 예정되었음을 상기시킨다. 그들을 위하시는 하나님의 사랑에 대해 말한다. 그러나 "내가 너희를 사모한다"고 말하지는 않는다. 다른 교회에 보낸 서신에는 그런 표현이 나오지 않는다. 교인들이 그리스도 안에서 어떤 존재이며 그리스도께서 그들을 위해 어떤 일을 하셨는지는 종종 언급한다. 그들 모두에 대한 사랑도 피력한다. 그러나 빌립보 교인에 대한 사랑은 더 각별하다. 그가 이런 심정을 갖게 된 이유는 무엇일까?

로마의 핵심 도시, 빌립보

빌립보는 이른바 핵심 대도시 지역이었다. 로마 제국의 주요 통상로에 위치한 이 도시에는 기술자, 지식층, 농업 종사자, 예술가가 많았다. 여러 부류의 사람들로 북적이는 만큼 바울 같은 교회 개척자는 그곳에서 복음을 전하고 싶었을 것이다. 그러므로 빌립보서에 묘사된 깊은 애착을 더 잘 이해하려면, 바울이 그곳에 첫 발을 딛게 된 경위를 돌아봐야 한다. 그 이야기는 사도행전 16장에서 시작된다.

> 우리가 드로아에서 배로 떠나 사모드라게로 직행하여 이튿날 네압볼리로 가고 거기서 빌립보에 이르니 이는 마게도냐 지방의 첫 성이요 또 로마의 식민지라 이 성에서 수일을 유하다가 안식일에 우리가 기도할 곳이 있을까 하여 문 밖 강가에 나가 거기 앉아서 모인 여자들에게 말하는데 두아디라 시에 있는 자색 옷감 장사로서 하나님을 섬기는 루디아라 하는 한 여자가 말을 듣고 있을 때 주께서 그 마음을 열어 바울의 말을 따르게 하신지라 그와 그 집이 다 세례를 받고 우리에게 청하여 이르되 만일 나를 주 믿는 자로 알거든 내 집에 들어와 유하라 하고 강권하여 머물게 하니라(행 16:11-15).

예전에 바울은 한 마게도냐 사람이 도움을 청하는 환상을 보았고, 이를 영적 소명으로 받아들였다. 그래서 누가와 실라와 디모데와 함께 지체 없이 마게도냐로 떠나 빌립보에 도착했다.

그들이 회당을 찾지 못하고 강가에 모인 여자들에게 복음을 전했다는 사실은 빌립보에서 그리스도인은 물론이고 유대인도 만나지 못했음을 시사한다.

대체로 바울 일행은 먼저 유대인 예배 장소를 찾아가 메시아이신 예수 그리스도의 복음을 전했지만, 빌립보는 전형적인 로마 도시이기 때문에 예배 모임을 구성할 정도의 유대인 남자들을 찾기가 쉽지 않았다.

'기도처'를 기대한 이 선교사들은 그 대신 강가에 모여 나름대로 예배를 드리고 있던 여자들을 만났다. 바울이 루디아를 처음 만난 장소가 바로 그곳이었다.

성공한 여성 사업가

루디아는 두아디라 출신이다. 이는 그녀가 아시아인이었음을 뜻한다. 그녀의 집은 빌립보에 있었다. 두아디라와 빌립보가 주요 대도시였음을 생각할 때, 그녀는 경제적으로 매우 부유했던 것 같다.

루디아에 대한 묘사를 보면 그녀가 패션업에 종사했음을 알 수 있다. 이른바 패션업계를 주도하는 CEO인 셈이다. 오늘날의 방식으로 말하자면 그녀는 로스앤젤레스, 뉴욕, 파리 등지에 자택을 보유했다. 사업에 크게 성공한 여성이었다.

또한 루디아는 하나님을 경외하는 자이기도 했다.

그녀는 이교를 거부했다. 다신론을 거부했다. 바람 신, 비 신, 자주색 옷 신, 패션계의 신 따위를 모두 믿지 않았다. 루디아의 경배 대상은 '프라다'(이탈리아의 명품 패션브랜드-역주)가 아니라 하나님 아버지였다. 그녀는 유일하신 하나님이 계심을 믿었다. 유대인들의 가르침을 경청했고, 하나님을 경외하는 삶이 어떤 것인지 이해하려 했다. 자신의 가족과 사업이라는 환경 속에서 나름대로 신앙을 갖고 싶었다.

루디아의 회심 이야기에서 중요한 사실은, 그녀가 지성인이자 **구도자**였다는 점이다. 그녀는 성경 강론을 듣기 위해 다른 여자들과 함께 모여 있었다. 토라에 귀 기울이면서 하나님이 자기 백성에게 율법을 주셨음을 알게 되었다. 십계명도 주셨음을 알게 되었다. 율법 계명 가운데에는 자신이 지킨 것도 있고 어긴 것도 있음을 알고 있었다. 속죄의 필요성도 깨달았을 수 있다. 그러나 예수님의 복음을 접하지 못한 상태였기에 여전히 혼란스러웠다. 이런 상황에서 바울이 그녀의 영적 필요를 채워준 것이다.

그것은 마치 여성들의 성경공부 모임 같았다. 그 자리에 바울이 나타나서 "잠시 멈추세요." 하고 말했다. 그리고 하나님이 우리에게 율법을 주신 것은 우리 스스로 하나님의 영광에 이르지 못함을 알려주기 위한 것임을, 그리스도의 십자가 사역을 통해서만 속죄가 가능함을 설명했다.

바울은 루디아의 이성과 지성을 활용하여 그녀에게 필요한 영적 지식을 전했다. 그렇게 해서 그녀는 그리스도를 믿게 되었다. 루디아는 즉시 믿고 세례를 받았으며, 온 가족이 구원과 세례를 받았다.

그 후 그녀는 바울을 자신의 집에 초대했다. 아마도 멋진 집이었을 것이라 짐작된다. 겸직 선교사이자 천막 만드는 자였던 바울에게는 참으로 귀한 초대였다.

이와 같이 바울이 빌립보에서 보낸 시간은 복음을 전파하는 소명에 신실하기 위한 영광스러운 고역에서 잠시 쉬는 휴식 기간이었다.

귀신 들린 여종

그렇게 빌립보교회가 시작되었다. 상류사회의 여류 사업가 루디아가 지적인 수긍 과정을 거쳐 복음을 받아들이고 회심했다. 이야기는 거기서 끝나지 않는다. 사도행전 16장은 빌립보에 세워진 교회의 다양성을 알려준다.

> 우리가 기도하는 곳에 가다가 점치는 귀신 들린 여종 하나를 만나니 점으로 그 주인들에게 큰 이익을 주는 자라 그가 바울과 우리를 따라와 소리 질러 이르되 이 사람들은 지극히 높은 하나님의 종으로서 구원의 길을 너희에게 전하는 자라 하며 이같이 여러 날을 하는지라 바울이 심히 괴로워하여 돌이켜 그 귀신에게 이르되 예수 그리스도의 이름으로 내가 네게 명하노니 그에게서 나오라 하니 귀신이 즉시 나오니라 여종의 주인들은 자기 수익의 소망이 끊어진 것을 보고 바울과 실라를 붙잡아 장터로 관리들에게 끌어갔다가 (행 16:16-19).

이 여종은 루디아와 현저히 대조된다. 루디아는 아시아인이고 여종은 헬라인이었다. 루디아는 자유로운 지성인인 반면 여종은 가난하고 속박과 착취를 당했다. 루디아는 구도자이나 여종은 구원의 길을 선언했다. 물론 여종은 자신도 모르게 귀신 들린 상태에서 그렇게 했지만 그녀가 선언한 말 자체는 옳았다. 바울과 루디아는 격조 있는 모임에서 만난 반면 여종은 고래고래 소리를 지르면서 바울 일행을 따라가다가 바울을 만났다. 한마디로 그녀는 파괴적이었다.

하나님이 그녀를 어떻게 다루셨는지 보라. 바울은 여종에게 이렇게 말하지 않았다. "나는 '광기'에 대한 토요세미나를 열 것입니다. 내 생각에는 당신 안에 광기가 있으니 참석하기 바랍니다." 바울은 그녀를 성경공부에 초청하지 않았으며, 그녀의 지성이나 이성에 호소하지도 않았다. 그녀는 분별력이 없었다. 대신 그녀를 지배하며 속박하고 있던 귀신을 성령의 능력으로 꾸짖어 쫓아냈다. 한순간에 여종은 구원을 얻었다.

빌립보에서 일어난 이 대조적인 두 가지 회심은 놀랍고도 교훈적이다. 루디아의 경우 바울이 **지적으로** 설명했을 때 그녀 마음에 복음이 받아들여졌다. 여종의 경우에는 바울이 **영적으로** 대처했을 때 그녀 마음에 복음이 닿았다. 물론 두 경우 모두 중생과 회개를 가능케 하신 성령님의 역사지만, 복음이 임하는 과정은 개인적인 상태나 정황에 따라 달랐다. 바울은 선교사로서 기꺼이 여러 사람에게 여러 모양이 되었다(고전 9:22).

회심 이야기는 여기서 끝나지 않는다.

평범한 블루칼라

귀신 들린 여종의 구원과 회심도 흥미진진한 장면이지만, 사도행전 16장에는 더 격렬한 이야기가 이어진다.

상관들 앞에 데리고 가서 말하되 이 사람들이 유대인인데 우리 성을 심히 요란하게 하여 로마 사람인 우리가 받지도 못하고 행하지도 못할 풍속을 전한다 하거늘 무리가 일제히 일어나 고발하니 상관들이 옷을 찢어 벗기고 매로 치라 하여 많이 친 후에 옥에 가두고 간수에게 명하여 든든히 지키라 하니 그가 이러한 명령을 받아 그들을 깊은 옥에 가두고 그 발을 차꼬에 든든히 채웠더니(행 16:20-24).

서구적인 개념에서 "차꼬"는 1700년대의 뉴잉글랜드를 연상시킨다. 공개적인 장소에 설치된 기구에 죄수의 머리와 손을 고정시켜 수치를 당하게 한 것이다.

그러나 1세기 로마제국의 차꼬는 그런 것이 아니었다. 죄수의 몸을 비틀어 갖가지 고통스러운 자세로 만든 다음, 몸 전체에 경련이 일어날 지경에 이르도록 팔다리와 관절을 단단히 고정시켰다. 극한 고통으로 죄수의 몸이 움직이지 않을 정도가 되면 여러 날 동안 그 상태로 방치되었다.

본문에서 간수는 바울 일행을 차꼬에 채우라는 지시를 받은 것이 아니었다. 상관들은 단지 그들을 안전하게 지키라고 명했고, 간수가 그들에게 고통을 가했다. 따라서 그를 선량한 사람으로 보기는 힘들다. 자신의 직업에 충실한 나머지 그는 굳이 하지 않아도 될 조치까지 취한 것 같다.

그러나 자기 일에 대한 자부심에서, 간수는 바울을 능가할 수 없었다. "한밤중에 바울과 실라가 기도하고 하나님을 찬송하매 죄수들이 듣더라"(행 16:25). 복음을 싫어하는 자는 사도 바울이 정말 짜증스러 웠을 것이다. 바울은 다른 사람이 자신에게 무슨 짓을 하든 흔들림이 없었다. 그는 하나님을 사랑했고 그분을 찬양하며 증언하는 일에 매진할 뿐이었다.

빌립보서 전반에 걸쳐 복음을 향한 바울의 열정이 메아리친다. 그는 위협을 당하면 "죽는 것도 유익하다"고 말한다. 그를 체포한 자들이 "너를 고문할 거야."라고 하면, 그는 "현재의 고난은 장차 우리에게 나타날 영광에 비하면 아무것도 아니다."라고 응수한다. 이런 사람은 그 누구도 이길 수 없다. 살해당할 위협에도 그는 태연하다. 죽으면 예수님과 함께 있게 될 것이기 때문이다.

복음을 위해 고통에 직면해도 그는 의연하다. 그것이 예수님을 닮게 하기 때문이다. 살려준다는 말을 들어도 그는 좋아한다. 그 안에서 사시는 분은 그리스도이시기 때문이다. 그리스도와 연합한 모든 이에 대해 리처드 십스가 한 말처럼, 바울은 "결코 정복될 수 없는"[1] 사람이었다.

이와 같이 예수께 고정된 바울의 단호한 결의는 신앙을 포기하지 않으면 추방당할 거라는 위협을 받던 초기 기독교 교부 요한네스 크리소스토무스의 말을 연상시킨다.

황후가 나를 추방시키기 원한다면 그렇게 하라고 하라. "온 땅이 주의 것이다." 그녀가 내 몸을 톱으로 썰기 원한다면 나는 이사야의 뒤를 따

---

[1] 리처드 십스, *A Bruised Reed*(ReadaClassic.com, 2010), 5쪽.

를 것이다. 그녀가 나를 바다에 빠트리려 한다면 나는 요나를 생각할 것이다. 내가 불에 던져져야 한다면 풀무 속에 던져진 세 사람처럼 행동할 것이다. 야생짐승들에게 던져지면 나는 사자굴 속의 다니엘을 기억할 것이다. 나를 돌로 쳐서 죽이려 한다면 첫 순교자 스데반의 뒤를 따를 것이다. 황후가 내 머리를 요구한다면 가져가게 하라. 세례 요한이 앞서 인도한다. 내가 모태에서 적신으로 나왔으니 이 세상을 적신으로 떠날 것이다. 나는 "내가 지금까지 사람들의 기쁨을 구하였다면 그리스도의 종이 아니니라"는 바울의 말을 기억한다.[2]

바울의 말과 비슷하지 않은가?

적대적인 환경에서 담대히 선교 사역에 매진한 그를 로마인들이 감옥에 넣어 차꼬를 채웠다. 그 상황에서도 그는 찬양과 기도를 멈추지 않았다. 그렇게 찬양하며 기도하는 중에 다음과 같이 놀라운 일이 일어났다.

이에 갑자기 큰 지진이 나서 옥터가 움직이고 문이 곧 다 열리며 모든 사람의 매인 것이 다 벗어진지라 간수가 자다가 깨어 옥문들이 열린 것을 보고 죄수들이 도망한 줄 생각하고 칼을 빼어 자결하려 하거늘 바울이 크게 소리 질러 이르되 네 몸을 상하지 말라 우리가 다 여기 있노라 하니 간수가 등불을 달라고 하며 뛰어 들어가 무서워 떨며 바울과 실라

---

[2] 요한네스 크리소스토무스, *Saint Chrysostom on the Priesthood, Ascetic Treatises, Select Homilies and Letters and Homilies on the Statues*, Philp Schaff 편저(Whitefish, MT: Kessinger Publishing, 2004), 14쪽.

앞에 엎드리고 그들을 데리고 나가 이르되 선생들이여 내가 어떻게 하여야 구원을 받으리이까 하거늘 이르되 주 예수를 믿으라 그리하면 너와 네 집이 구원을 받으리라 하고 주의 말씀을 그 사람과 그 집에 있는 모든 사람에게 전하더라 그 밤 그 시각에 간수가 그들을 데려다가 그 맞은 자리를 씻어주고 자기와 그 온 가족이 다 세례를 받은 후 그들을 데리고 자기 집에 올라가서 음식을 차려주고 그와 온 집안이 하나님을 믿으므로 크게 기뻐하니라(행 16:26-34).

이것은 빌립보교회의 면면을 보게 하는 또 하나의 독특한 회심 이야기다.

간수는 앞의 두 인물과 다르다. 그는 감옥에서 근무하는 블루칼라였다. 지식인들의 비아냥거림에 관심이 없었고, 카리스마적인 영적 능력을 얻고 싶은 마음도 없었다. 일터에서 시간을 보낸 후 그저 집으로 돌아가서 술 한 잔 마시길 원하는 사람이었을 것이다. 오래도록 앉아서 인생의 의미를 곰곰이 생각하는 부류의 사람이 아니었을 것이다. 그에게는 맡겨진 임무가 있었다. 그는 자신의 일을 잘해내어 인정받고, 단란한 가정을 꾸려나가길 원했다. 루디아나 여종에 견주어볼 때, 간수는 중류층 정도였다. 너무 부유하지도 가난하지도 않은 사람이었다.

그런 그가 어떻게 복음에 사로잡히게 되었는가?

당시 로마는 죄수가 탈출하거나 없어지면 그 죄수를 맡은 자를 사형에 처했다. 오늘날의 많은 블루칼라처럼 사도행전 본문의 간수에게도 자신의 직업이 생명처럼 소중했다. 오늘날에도 자신이 하는 일을 떠나서는 자신의 존재를 생각할 수 없는 사람이 많다. 죄수들이 탈옥했다고 생각한 간수는 자연스럽게 자결을 결심했다. 그는 곧바로 검을 빼어 자결하려 했다. 그러나 바울은 그 간수가 이제껏 알고 있던 모든 것을 능가하는, 더 큰 책무와 더 나은 정체성과 더욱 만족스러운 실재를 보여주었다.

바울은 그 실재를 먼저 실례로 보여주었다.

고문을 당한 후, 바울과 실라는 찬양하며 기도했다. 결박에서 풀린 후에는 달아나거나 보복할 기회가 있었는데도 복음을 전하기 위해 남아 있었다. 바울이 루디아의 경우에는 그녀의 지성을 활용하고, 여종에게는 영적 능력으로 접근한 반면, 간수에게는 생생한 이적을 보게 했다.

빌립보교회는 이렇게 시작되었다. 유대인 여류 패션업자, 귀신 들린 여종, 그리고 로마제국의 감옥에서 일하는 블루칼라 등이 첫 교인이었다. 이상적인 교회 개척 팀으로 보이지 않을 수 있지만, 성령께서 특이한 방식으로 역사하여 가장 가망 없어 보이는 다양한 사람들을 구원의 길로 이끄셨다.

사도행전 16장의 배경 이야기는 복음으로 인한 아름다운 화해를 보여준다. 그것은 부정한 인생과 거룩하신 하나님과의 화해는 물론, 표면적으로는 함께 어울리기 힘든 사람들 간의 화해이기도 하다. 그렇게 예수님은 낯선 자들을 불러 한 가족이 되게 하셨다.

새로운 복음 공동체

바울이 "내가 예수 그리스도의 심장으로 너희 무리를 얼마나 사모하는지"(빌 1:8)라고 빌립보 교인들에게 쓴 것은 그가 거기에 있었기 때문이다.

여기서 그는 루디아에 대해 말하고 있다. 여종에 대해 말하고 있다. 간수에 대해서도 말하고 있다. "내가 너희를 생각할 때마다 나의 하나님께 감사하며"(빌 1:3)라는 구절에서 "너희"는 바로 그들이다.

빌립보서를 쓸 당시 그 여종은 몇 살이었을까? 그녀는 어떤 여성으로 성장해 있었을까? 빌립보서가 기록된 시점은 빌립보교회를 개척한 지 약 10-15년이 지난 때다. 그 여성은 결혼했을까? 자녀를 두었을까?

루디아는 어떠했을까? 그녀는 자신의 재산으로 복음을 위해 어떤 일을 했을까?

간수는 어땠을까? 그는 부드럽게 다듬어졌을까, 아니면 여전히 조잡한 삶을 살았을까?

바울은 그 교회를 알고 있다. 그 교인들의 영혼을 구했다. 세례를 주었다. 그는 성령의 능력을 전하는 통로였다. 그가 그리스도의 심장으로 그들을 사모한 것은 바로 이 때문이다.

바울이 타락한 인생들이 세운 경제사회적, 인종적, 종교적 장벽에 의해 복음이 차단될 수 없다는 견해를 견지한 것은 빌립보 교인들과 다른 선교 여행들을 통해 얻은 경험에서 비롯되었다. 그 자신이 교회 핍박자에서 이방인들에게 예수 그리스도를 증언하는 자로 바뀌는 경험을 했다. 이 모든 경우에서 복음은 인종과 계층과 신분과 성향을 초월했다.

솔직히 우리는 자신과 비슷한 사람들과 어울리기를 좋아하는 경향이 있다. 우리는 이웃과 더불어 살고 자신과 비슷한 사람들과 어울린다. 대부분 자신과 유사한 사람이 있는 교회로 간다. 이것은 모든 사람의 자연적인 성향이다. 그러나 **복음은 자연적이지 않다**.

빌립보교회의 특이한 시작에서 보듯이, 복음은 서로 주도권을 쥐려는 천박한 공동체의 문을 열어젖히고 새로운 공동체를 창조한다.

초자연적으로 화해시키는 은혜가 없다면, 부유한 여류 패션 사업가가 귀신 들렸던 가난한 여자와 함께 어울리지 않았을 것이다.

바울이 그리스도 안에 있는 생명의 메시지를 전하기 위해 자신의 목숨까지도 아끼지 않았기 때문에, 한때 나뉘었던 것이 사랑 안에서 연합되었다.

바울이 담대해진 것은 바로 이 때문이다. 이 초자연적 공동체가 복음의 효력을 더 선명히 보여주었기 때문에 그는 더욱 담대히 사역할 수 있었다. 그는 복음이 세상에 들어가서 실제로 열매 맺는 것을 보았다(골 1:6). 그것은 사람들 사이에서는 물론이고 사람들 속에서도 열매를 맺는다.

복음에 의해 만들어진 새로운 실체는 세상과 그 속에 있는 우리를 더 깊이 있게 이해시킨다.

자신이 목격한 강력한 회심을 기억하면서, 바울은 그리스도 안에서 살아가는 풍성한 삶에 대한 확신을 빌립보 교인에게 일깨워주고 싶었다. 그것은 부유하든 가난하든, 건강하든 병약하든, 살든 죽든, 어떤 상황에도 좌우되지 않는 삶이다. 빌립보교회에 심긴 뿌리가 감옥에 있는 바울에게까지 닿아 그들을 사모하는 마음을 담은 편지를 쓰게 되었다. 알다시피, 빌립보서는 감옥에서 쓴 편지다.

2. 하나님께 영원한 생명이 있다.

•

오직 너희는 그리스도의 복음에 합당하게 생활하라(빌 1:27).

예수님은 복음으로 당신을 위한 사람들을 만드신다. 그 사람들을 우리는 교회라 부른다. 교회는 모든 언어와 인종과 민족의 사람들로 구성된다.

새 언약은 유대인과 이방인, 남자와 여자, 종과 자유자를 함께 묶어 새 공동체를 만들며, 그리스도를 믿는 믿음으로 연합된 새 인류를 창조한다.

또한 복음은 인간적 차이나 제도를 초월하여 변화시킬 뿐 아니라 우리의 상황까지 변화시킨다. 바울은 개인적이고 목회적인 애착심으로 빌립보 교인들을 문안한 후, 계속해서 매 순간 역사하는 복음의 지속적인 능력을 강조한다.

> 형제들아 내가 당한 일이 도리어 복음 전파에 진전이 된 줄을 너희가 알기를 원하노라 이러므로 나의 매임이 그리스도 안에서 모든 시위대 안과 그 밖의 모든 사람에게 나타났으니(빌 1:12-13).

바울은 다시 감옥에 있다. 투옥될 때마다 자신이 풀려날지, 처형될지 모른다. 감옥에서 풀려나더라도 생명을 잃을 위협에서 자유롭지 않다. 그 모든 상황을 바라보는 그의 시각이 주목할 만하다. 그는 자신의 모든 환난과 투옥을 은혜로 가득한 낙관주의 렌즈로 볼 수 있다. 복음이 로마 시위대 안에 두루 전해졌다!

시위대 사람들의 회심을 보며 바울은 빌립보 간수의 회심을 떠올렸을 것이다. 루디아와 여종이 예수 그리스도를 영접한 사실이 기억났을 것이다.

복음이 시위대 안에 두루 퍼지기 시작했을 뿐 아니라 다른 사람들도 더욱 담대히 복음을 선언했다. "형제 중 다수가 나의 매임으로 말미암아 주 안에서 신뢰함으로 겁 없이 하나님의 말씀을 더욱 담대히 전하게 되었느니라"(빌 1:14). 놀랍게도 바울은 자신의 생명을 희생제물로 간주했다. 자신의 투옥이 나머지 형제들을 더욱 담대히 복음을 전하게 하는 데 필요한 희생제사라고 생각했다. 다른 이들을 천국 본향으로 이끌기 위해서라면 죽음까지도 기꺼이 감수하려 했다.

바울은 그리스도를 위해서라면 우리가 소중하게 여기는 것들마저 (이를테면 공정성과 안전성마저) 기꺼이 맞바꿀 준비가 되어 있었다. 이어지는 내용에서 우리는 이 점을 분명히 엿볼 수 있다.

> 어떤 이들은 투기와 분쟁으로, 어떤 이들은 착한 뜻으로 그리스도를 전파하나니 이들은 내가 복음을 변증하기 위하여 세우심을 받은 줄 알고 사랑으로 하나 그들은 나의 매임에 괴로움을 더하게 할 줄로 생각하여 순수하지 못하게 다툼으로 그리스도를 전파하느니라 그러면 무엇이냐 겉치레로 하나 참으로 하나 무슨 방도로 하든지 전파되는 것은 그리스도니 이로써 나는 기뻐하고 또한 기뻐하리라(빌 1:15-18).

무슨 일이 일어나고 있었을까?

바울처럼 유력한 지도자가 사라지면 다른 야심가들이 그 틈을 메우기 시작한다. 자연은 진공 상태를 싫어하기 때문이다.

예컨대 알렉산더 대제가 죽자 그의 제국이 3-5년 만에 무너지기 시작했다. 왜 그랬을까? 그가 남긴 공간이 권력을 탐하는 분파들로 채워지기 시작했기 때문이다.

바울의 부재 상황에서도 비슷한 일이 일어나고 있었다. 그가 투옥되자 다른 사람들이 그의 자리를 채우려 했다. 어떤 이들은 그리스도를 전했지만 바울의 자리를 임시로 채울 의도가 아니었다. 그들은 사랑이나 '선의'로 전도한 것이 아니다. 바울을 바울 되게 한 사역을 승계한 것이 아니다(그 사역은 사실상 바울이 한 것이 아니라 그리스도께서 하신 것이다). 그들은 '이기적인 야심'에서 리더십을 빼앗으려 했고 바울의 영광을, 궁극적으로는 하나님의 영광을 훔치려 했다.

그러나 바울은 이처럼 사악한 이기심마저도 놀라운 시각으로 바라보았다. "전파되는 것은 그리스도니 이로써 나는 기뻐하고 또한 기뻐하리라"(빌 1:18).

바울이 그런 마음을 지닐 수 있었던 것은 지성이나 이적적인 능력을 활용하여 구원하시는 그리스도를 직접 체험했기 때문이다. 심지어 그는 핍박과 감금이라는 지극히 암담한 상황에서도 그리스도의 구원을 보았다.

바울은 하나님께서 자신의 이름을 알리실 때 우리의 죄성마저 선용하실 수 있음을 알고 있었다. 바울의 관점에서, 그리고 복음에 비추어볼 때 모든 것이 그리스도의 영광을 위해 작용해야 한다. 따라서 바울이 감옥에서 핍박받거나 부당하게 비방당하는 것도 비극이 아니었다. 도리어 특권이었다.

이와 같이 바울은 그리스도를 위해 고난 받는 것을 축복으로 여겼다. 그리스도의 십자가를 자신의 삶에 적용시키는 심오한 경험 없이는 이런 신앙을 가질 수 없다.

복음에 합당한 삶

바울은 자신의 서신에서 '**합당한**'이라는 말을 여러 차례 사용한다. 에베소서 4장 1절에서 그는 하나님의 부르심에 합당한 행위에 대해 말한다. 골로새서 1장 10절에서는 주께 합당히 행함에 대해 말한다. 데살로니가전서 2장 12절에서는 하나님께 합당히 행함에 대해 말한다. 그리고 데살로니가후서 1장 5절에서 그는 하나님 나라에 합당한 삶을 당부한다.

그렇다면 '**합당하다**'는 말은 무슨 뜻일까?

바울에게 그것은 '**가치를 드러낸다**'는 뜻이다. '합당하게' 산다는 것은 자신이 믿는 것이 지고한 가치를 지녔음을 보여주며 사는 것이다. 그리스도인에게 그것은 예수님을 높이며 그 영광을 드러내는 방식으로 사는 것을 뜻한다.

즉 바울의 영적 삶에서 가장 중요한 것은 자신과 자신의 행복이 아니라 하나님과 복음이었다.

그리스도께 완전히 매료되어 있었던 그에게는 그리스도가 전부였다. 가식으로든 진정으로든, 바울은 사람들이 그리스도를 전하기만 해도 기뻤다. 어떤 이들은 바울에게 해를 입히려고 그리스도를 전하는 체했으나, 그것마저 그는 예수님이 전해지는 기회로 여기며 감수했다.

바울이 어떤 상황에서도 **평안과 만족**을 유지할 수 있었던 것은 바로 이 같은 영적 안정 때문이다. 쉽게 말해 그는 "감옥에서도 나는 기뻐할 것이다. 루디아의 집에 거하면서도 기뻐할 것이다. 어떤 상황에서든 나는 기뻐할 것이다."라고 말한 셈이다.

> 이것이 너희의 간구와 예수 그리스도의 성령의 도우심으로 나를 구원에 이르게 할 줄 아는 고로 나의 간절한 기대와 소망을 따라 아무 일에든지 부끄러워하지 아니하고 지금도 전과 같이 온전히 담대하여 살든지 죽든지 내 몸에서 그리스도가 존귀하게 되게 하려 하나니 이는 내게 사는 것이 그리스도니 죽는 것도 유익함이라 (빌 1:19-21).

정말 그렇다! 자신 안에 사는 것이 그리스도라고 고백하는 것은 쉽지 않은가? 사실 그것 자체는 그리 대단한 것이 아니다. 고백과 확신이 언제나 일치하는 것은 아니기 때문이다.

하지만 바울의 고백은 확신에서 나온 것이다. 그는 자기 자신 안에 사시는 분이 오직 그리스도임을 경험해왔다. 자신의 사역에서 거듭 보아왔다.

루디아에게는 부족한 것이 없었다. 그녀는 사람들이 바라는 모든 것을 지녔다. 부요하고 지적이며 강인했다. 우리 대부분이 평생 동안 얻으려고 애쓰는 것들을 소유했다.

그러나 그리스도 없는 그녀의 삶의 종착지는 어디일까? 아마도 영적 파산이었을 것이다. 그녀의 모든 보화에는 유효기간이 있었다. 바울이 그런 것을 위해 살았을까?

앞에서 본 여종이 귀신 들린 데에는 종으로 팔려간 것에 따른 비통함과 분노가 작용했을까? 바울이라도 그렇게 되었을까?

실제로 그는 배신과 폭행을 당하고 감옥에 갇혔다. 그 역시 복수하고 싶은 충동을 느꼈을 것이다.

루디아와 여종과 간수는 보통 사람들이 선택하는 삶에 종속된 자들이다. 그런 삶에서 바울은 도덕적 파탄과 영적 역기능을 보았다. 또한 그는 치유와 변화와 회복을 가능케 하는 복음으로 인한 기쁨을 체험했다.

한때 바울은 악감정에 사로잡혀 살았고 교회를 핍박했다. 그때 하나님이 그의 삶을 장악하셨다. 열광적인 바리새인이 복음의 열정을 지닌 사도가 되었다.

그는 "내게 사는 것이 그리스도"시라고 말했다.

복음 논리에서는 그리스도를 대신할 것이 없다. 다른 옵션은 없다. 가치 있게 여겨지던 모든 것이 그리스도의 영광에 비해 아무것도 아닌 것으로 보일 때, 우리는 그리스도만이 삶의 유일한 가치이심을 깨닫는다. 그리스도만이 일평생의 관심과 헌신을 기울이기에 합당하시다. 때문에 바울은 "내게 사는 것이 그리스도니 죽는 것도 유익함이라"고 선언했다.

더 큰 날, 더 큰 상급

"내게 사는 것이 그리스도니 죽는 것도 유익함이라"(빌 1:21).
사방으로 하나님의 은혜에 에워싸여 그리스도를 드러내는 삶을 살았던 바울은 자신이 사나 죽으나 자신이 하나님의 보호 아래 있음을 알고 있었다. 하나님은 당신을 의지하는 이들에게 영원한 생명을 약속하신다.

> 그러나 만일 육신으로 사는 이것이 내 일의 열매일진대 무엇을 택해야 할는지 나는 알지 못하노라 내가 그 둘 사이에 끼었으니 차라리 세상을 떠나서 그리스도와 함께 있는 것이 훨씬 더 좋은 일이라 그렇게 하고 싶으나 내가 육신으로 있는 것이 너희를 위하여 더 유익하리라 내가 살 것과 너희 믿음의 진보와 기쁨을 위하여 너희 무리와 함께 거할 이것을 확실히 아노니 내가 다시 너희와 같이 있음으로 그리스도 예수 안에서 너희 자랑이 나로 말미암아 풍성하게 하려 함이라(빌 1:22-26).

다른 데서 바울은 "만일 그리스도 안에서 우리가 바라는 것이 다만 이 세상의 삶뿐이면 모든 사람 가운데 우리가 더욱 불쌍한 자"라고 말했다(고전 15:19).

더 큰 날, 더 큰 상급, 더 큰 삶이 도래할 것이다. 우리 삶의 목적은 복음에 합당하게 행하는 것이며, 이 같은 삶에는 영원한 생명이 약속된다.

예수님은 이렇게 말씀하셨다. "나를 믿는 자는 죽어도 살겠고"(요 11:25). 믿음으로 그리스도와 연합한 자들에게는 사망이 찌르지도 이기지도 못한다(고전 15:55). 사실 주와 함께 있는 것이 이생에서 사는 것보다 낫다. 위대한 설교가 드와이트 무디가 이렇게 말했다. "언젠가 이스트 노스필드의 D. L. 무디가 죽었다는 기사가 신문에 날 것이다. 그리고 바로 그 시점에 나는 지금보다 더 풍성한 삶을 살고 있을 것이다."[3]

그리스도인에게 죽음은 귀향이다. 바울이 죽음을 유익으로 본 것은 이생에서 자신을 산 제사로 드린 데 대한 상급을 믿었기 때문이다. 그래서 그는 감옥에 있으면서도, 루디아에게 융숭한 대접을 받으면서도 "고향으로 돌아가는 것이 더 낫다"라고 말했다.

겸손한 연합

바울은 빌립보교회를 몹시 사랑했다. 그래서 그들에게 다른 무엇보다 더 사모할 일을 당부했다. "오직 너희는 그리스도의 복음에 합당하게 생활하라"(빌 1:27).

---

[3] D. L. 무디, William R. Moody, *The Life of Dwight L. Moody* (Grand Rapids, MI: Fleming H. Revell, 1900), iii에 인용.

이것은 너무나 감당하기 힘든 도전으로 보인다. 복음이란 **예수님 안에 있는 영생**을 담고 있으므로 무한한 가치를 지닌 것 아닌가? 따라서 이 당부를 그대로 이행하는 건 불가능하지 않은가?

하지만 감사하게도 바울은 애매한 당부만 남기지 않고 계속해서 이렇게 말했다. "이는 내가 너희에게 가 보나 떠나 있으나 너희가 한마음으로 서서 한뜻으로 복음의 신앙을 위하여 협력하는 것과 … 듣고자 함이라"(빌 1:27-28).

여기서도 사도 바울은 다양한 색채의 특이한 그 무리가 성령에 의해 그리스도의 몸이라는 새로운 공동체에 편입된 것을 복음의 능력과 연관시킨다. 부유한 여류사업가나 가난한 여종, 평범한 육체노동자가 모두 힘을 합쳐 복음의 능력을 증언했다.

복음에 합당한 삶이란 어떤 것일까? 그것은 그리스도와 함께 자신에 대해 죽고 그리스도 안에서 살아나서 형제자매들과 함께 살아가는 새로운 삶이다. 인내와 긍휼과 온유로 다른 사람들의 영적 성장을 도모하고 주님 안에서 서로의 다름과 특이성을 존중하는 은혜 충만한 삶이다.

이러한 삶은 모든 것이 매우 양극화된 우리의 소비문화에서 결코 쉽지 않다. 종교에서 정치와 대중문화에 이르기까지 모두 **자신의 방식**만 고집한다. 자신이 신뢰하는 유명인들을 우상으로 여기고, 자신이 선호하는 정치인들을 메시아로 여긴다.

교회 안에서도 자신의 목회 사역이나 교회 성장 모델을 불변의 법칙으로 간주한다. 자신의 교회 운영 방식과 설교 방식을 유일한 것으로 여긴다. 이런 식의 태도는 성경의 실제적 명령을 무시하는 것이다. 그 결과는 단색의 일차원적 교회와 무기력한 복음이다.

이 같은 분열 속에서는 예수 그리스도의 능력이 근본적으로 부인된다. 그런 상태에서는 스페인어를 사용하는 일용근로자와 옷을 파는 아시아계 자매가 브라질 슬럼가에서 가정 교회를 이룰 수 없다. 다양한 부류의 사람들이 그리스도의 영광을 위해 연합할 때 복음이 드높여진다.

예수 그리스도의 복음은 그것을 위해 살거나 죽을 만한 가치가 있다. 다른 사람을 복음으로 유익하게 하기 위해 자신을 부인하며 자신의 십자가를 질 때 복음은 더욱 고귀한 것이 된다.

그럴 때 우리는 관념적인 편견에 사로잡히지 않는다. 더 이상 그릇된 교훈의 바람에 흔들리지 않는다. 허탄한 신화와 공론, 의혹과 이기심에 이리저리 휩쓸리지 않는다. 그 대신 "한마음으로 서서" 협력한다(빌 1:27).

그리스도의 마음으로 함께 서기 위해 자신의 방식을 기꺼이 포기할 때, 우리는 복음을 존귀하게 드러낸다. 그리고 이기적인 야심을 위한 열정과 집착을 몰아낼 때, "한뜻으로 복음의 신앙을 위하여 협력"할 수 있게 된다(빌 1:27).

빌립보서 본문의 내용을 오해하지 않도록 주의하라.

때로 우리는 성경을 읽으면서 거기 나오는 인물이 우리와 다른 사람이라고 생각한다. 이를테면 우리는 루디아가 회심한 후에는 다시 의심이나 두려움에 사로잡히지 않았다고 생각한다. 여종이 그리스도를 알게 된 후에는 내면의 악감정이나 증오심으로 다시 고뇌하지 않았을 거라고 생각한다. 의무감에 매인 간수가 회심하자마자 곧바로 성령 충만하여 빌립보의 로마 병사들을 모조리 회심시켰을 거라고 생각한다.

그러나 사실은 그렇지 않다. 바울은 빌립보 교인들에게 복음에 합당한 삶이란 한마음으로 서서 앞에 놓인 일을 위해 협력하는 것이라고 말했다. 빌립보교회는 완벽한 교회가 아니었다. 우리가 구원 받은 후에도 완벽하지 않음을 인정할 수 있을 때 복음이 높여진다.

추측컨대 빌립보교회가 커지면서 루디아의 마음속에 교만이 생기지는 않았을까?

그녀는 큰 저택을 소유했다. 재정적인 면에서 교회에 크게 기여했을 것이다. 그래서 교회를 좌지우지하고 싶은 유혹을 받았을지도 모른다. 대부분의 CEO들이 그렇듯, 그녀는 교회를 자기 방식대로 운영해야 한다고 생각했을 수 있다.

여종의 경우는 어떠한가? 점차 나이를 먹어가면서 그녀는 관계 문제에 직면했을지 모른다. 사람들, 특히 남자들을 신뢰하기 힘들어했을 수 있다.

간수의 경우에는 예전에 병사나 죄수를 상대하면서 생긴 퉁명스럽고 거친 태도 때문에 고심했을 수 있다.

빌립보서 1장 6절 "너희 안에서 착한 일을 시작하신 이가 그리스도 예수의 날까지 이루실 줄을 우리는 확신하노라."라는 바울의 격려 이면에는 이런 문제들이 있었을지도 모른다.

복음에 합당한 삶이란 완벽한 척하는 것이 아니다. 다른 사람을 자신보다 낫게 여기는 겸손한 자세를 뜻한다(빌 2:3). 우리 모두 성장하는 중이라는 사실을 인정하며 자기중심적인 태도를 내려놓고 협력하는 것이다. 우리의 허물을 용서하시고 과분한 사랑을 베푸시는 하나님의 은혜로 서로를 용납하자. 그리고 그리스도 안에서 거룩한 삶을 향해 함께 매진하자.

복음이 주는 용기

지금까지 복음에 합당한 삶이란 겸손히 연합을 추구하는 것임을 살펴보았다. 이는 바울이 빌립보서에서 줄곧 강조하는 개념이다. 그러나 빌립보서 1장이 끝나기 전에 그는 복음의 위대성을 드러내는 삶의 또 다른 특성을 제시한다.

성숙한 그리스도인의 삶은 어떤 것일까?

> 오직 너희는 그리스도의 복음에 합당하게 생활하라 이는 내가 너희에게 가 보나 떠나 있으나 너희가 한마음으로 서서 한뜻으로 복음의 신앙을 위하여 협력하는 것과 무슨 일에든지 대적하는 자들 때문에 두려워하지 아니하는 이 일을 듣고자 함이라(빌 1:27-28).

예수 그리스도의 복음에 합당한 삶을 사는 그리스도인은 상황에 관계없이 담대하다.

우리 대부분은 신앙 때문에 생명의 위협을 느끼는 상황에 처하지 않는다. 그리스도인들이 점점 문화의 변두리로 밀려나는 이 시대에 어떤 사람이 단지 우리의 신앙 때문에 우리를 죽이려 하거나 격렬한 적대감을 보일 것 같진 않다. 그러나 두려움과 용기를 적용할 수 있는 상황은 여전히 많다.

아름다운 아내와 예쁜 딸, 정말 귀여운 아들을 둔 친구가 있다. 그 친구는 자기 가족을 몹시 사랑한다. 큰 집에서 근사하게 살고 좋은 친구들도 있다. 그는 정말 멋진 삶을 즐긴다. 그의 삶을 보면 누구나 그가 참으로 축복받은 사람이라고 생각할 것이다.

그런데 최근에 그 친구가 지구에서 가장 위험한 지역에 우물을 파기 위해 다르푸르행 비행기에 올랐다. 그는 그곳 주민들에게 깨끗한 식수를 제공하는 일에 협력하길 원했다. 그들은 그가 모르는 사람들이었고 그의 안전은 보장되지 않았다. 그는 좋지 않은 상황에서 위험한 사람들과 마주치지 않기 바랐고, 모든 것을 하나님의 섭리에 맡겼다. 하지만 그의 일행이 지나야 했던 사막 지대 일부는 종종 피습 사건이 발생하는 곳이었다.

그가 아름다운 아내와 눈에 넣어도 아깝지 않을 두 자녀를 두고 그 위험한 사람들을 위해 비행기에 오른 이유가 무엇일까? 그들은 물 마시는 도중에도 그를 죽일 수 있는 사람들이었다. 그런데도 그는 **왜 그렇게 했을까?** 그 이유는 그에게 사시는 분이 그리스도시므로 죽는 것도 유익했기 때문이다.

서구의 안전지대에서 볼 때 그것은 복음에서 비롯되는 용기의 극단적인 사례로 볼 수 있다. 그러나 우리가 이웃에게 복음을 전하는 두려움을 극복하는 데도 그리스도를 향한 이 같은 확신이 필요하지 않을까?

바울은 무시와 모욕, 억압, 핍박, 고난을 마치 **선물**인 것처럼 이야기했다. 이러한 것은 그리스도를 위해 우리에게 주어지는 선물이며, 그리스도를 전하는 일은 우리가 협력하여 매진해야 하는 목표다.

언젠가는 우리가 죽어 천상에서 기록된 모든 역사를 볼 날이 이를 것이다.

어쩌면 그날이 오늘일 수도 있다. 그 역사 기록은 전쟁과 왕들에 관한 내용이 아니다. 거기에는 선교사가 영웅으로, 그리스도께서 위대한 승리자로 기록되어 있다.

이 사실을 안다면 우리는 대적의 조롱을 괘념치 않을 것이다. "무슨 일에든지 대적하는 자들 때문에 두려워하지" 않을 것이다(빌 1:28). 기꺼이 비행기에 올라 위험한 지역으로 향할 것이다. 대적이 어떤 사람이든 그를 두려워하지 않을 것이다. 그 이유는 무엇일까?

> 이것이 그들에게는 멸망의 증거요 너희에게는 구원의 증거니 이는 하나님께로부터 난 것이라 그리스도를 위하여 너희에게 은혜를 주신 것은 다만 그를 믿을 뿐 아니라 또한 그를 위하여 고난도 받게 하려 하심이라 너희에게도 그와 같은 싸움이 있으니 너희가 내 안에서 본 바요 이제도 내 안에서 듣는 바니라(빌 1:28-30).

믿음 때문에 핍박당하는 것은 그 대적의 멸망을 나타내는 표지다. 역설적이지 않은가? 초대교회의 핍박자들이 기독교 박멸을 도모했다는 점을 고려하면 더욱 그러하다.

그리스도를 향한 믿음 때문에 받는 핍박이 축복인 것은 그 자체가 우리의 구원을 나타내는 표지이기 때문이다! 예수님도 이 점을 말씀하셨다.

> 의를 위하여 박해를 받은 자는 복이 있나니 천국이 그들의 것임이라 나로 말미암아 너희를 욕하고 박해하고 거짓으로 너희를 거슬러 모든 악한 말을 할 때에는 너희에게 복이 있나니 기뻐하고 즐거워하라 하늘에서 너희의 상이 큼이라 너희 전에 있던 선지자들도 이같이 박해하였느니라(마 5:10-12).

두려움 없는 믿음은 보화이신 그리스도를 단단히 붙드는 데서 생긴다. 복음이 주는 용기는 복음의 소중함에서 비롯된다.

만일 하늘의 상급이 이생의 모든 보화와 안락함을 훨씬 능가한다는 사실을 진정으로 믿는다면 우리 역시 그 모든 것에 연연하지 않을 것이다.

바울은 빌립보 교인들에게 복음을 기억하라고 당부했다. 그 복음은 그들을 구원했고, 그들을 연합하여 한 가족으로 만들었으며, 성화의 과정에서 그들을 매 순간 지켜주었다. 또한 그들로 하여금 다른 모든 것에 연연하지 않고 아무것도 두려워하지 않게 해주었다.

부유한 여류사업가, 점치는 여종, 의무감에 매인 간수, 이들은 모두 예전에 집착해온 것보다 더 큰 것, 더 아름다운 것, 더 영광스러운 것을 발견했다. 예수님에 의해 해방된 그들은 육체를 신뢰하는 모든 것을 버리고 구속주이신 그리스도 안에서 불굴의 용기를 발견할 수 있었다.

예수 그리스도의 복음에 합당한 삶이란 어떤 것인가? 그것은 나와 다른 사람들과 동행하고, 그들을 사랑하며, 그들과 함께 살아가는 것이다. 우리를 함께 묶는 끈은 그리스도시다. 그것은 그리스도를 드러내기 위해 함께 매진하는 삶이다. 우리에게 동기를 부여하는 분은 그리스도시다.

또한 그것은 모든 핍박자에 담대히 맞서는 삶이다. 그리스도께서 우리를 지키신다. 내 안에 사는 것이 그리스도시니 죽는 것도 유익하다. 그리스도가 전부이시다.

이런 식으로 보면 모든 문제는 의외로 간단하다. 쉽진 않지만 간단하다.

성숙한 그리스도인의 삶, 혹은 예수 그리스도의 복음에 합당한 삶은 다른 사람들과의 외적인 차이에 상관없이 그들과 더불어 깊이 교류하는 삶이며, 함께 더 깊은 믿음으로 매진하며 그리스도를 좇아가는 삶이며, 믿음 안에서 두려움 없는 삶이다.

그렇다면 **당신은 어떻게 살고 있는가?**

두려움 없이 이 질문을 마주하라.

당신은 예수 그리스도의 복음에 합당한 삶을 살고 있는가? 그리스도께서 당신의 삶과 죽음을 걸 만한, 당신의 모든 것을 내던질 만한 가치 있는 분이라고 생각하는가?

자신의 마음을 가만히 들여다보라.

당신은 자신과 취향이 같은 사람들하고만 시간을 보내지 않는가? 신앙 때문에 핍박받는 상황을 두려워하는가? 결론적으로 당신은 하나님 안에서 성장하고 있는가, 아니면 냉담한 정체 상태인가?

우리는 지금 그리스도 안에서 성숙한 것이 무엇인지에 대해 말하고 있다. 용기를 내어 이 질문들을 마주하고 나아가자.

예수께서 우리를 사랑하신다.

3.
겸손한 자가
높임을
받는다

•

아무 일에든지 다툼이나 허영으로 하지 말고(빌 2:3).

빌립보서 2장은 신앙인들의 마음속에 자리 잡을 수 있는 비열함을 다룬다. 그 구절들은 우리의 교만을 들추어내고 우리의 상처를 은혜로 싸맨다. 자만에 빠진 자를 질타하며 곤경에 처한 자를 위로하는 복음 설교를 들어본 적이 있을 것이다. 빌립보서 2장이 그런 내용이다. 이 비열함을 들추어내는 목적은 전능하신 하나님을 높이는 데 있다. 본장 서두에서 강조된 겸손은 소멸하는 불이신 하나님을 열정적으로 섬기는 예배자로 우리를 이끌기 위한 것이다.

성경 곳곳에서 빌립보서 2장의 핵심 개념이 발견된다. 그것은 곧 "여호와를 경외하는 것이 지혜의 근본"이라는 개념이다(시 111:10; 잠 9:10).

빌립보 교인들의 회심에 관한 배경을 빌립보서와 연결시킬 때, 우리는 죄인들을 하나님의 자애로우신 품으로 이끄는 두려움에 대해 생각해봐야 한다.

그리스도께 나아오는 사람들 대부분이 지옥과 자기 죄에 대한 징벌을 두려워한다. 이것은 지극히 합리적이며 자연스러운 두려움이다. 즉 좋은 두려움이다.

그러나 그것이 회심하는 순간에 갖는 최선의 두려움은 아니다. 그런 두려움이 그리스도인의 삶을 지탱시켜 주지는 못하기 때문이다.

우리는 두려워하는 영을 받은 것이 아니라 은혜의 성령으로 사랑과 능력 가운데 거하도록 부름받았다. 그러므로 우리가 하나님께 갖는 두려움은 단순한 공포라기보다 **경외심**이다.

우리 교회는 매년 여름마다 숲속에서 가족 캠프를 연다. 이 캠프에는 아이들을 위한 자그마한 동물원이 마련되는데, 거기에는 언제나 죽은 척하는 염소들이 있다. 이 염소들에게 살금살금 다가가면 갑자기 넘어져서 꼼짝도 않고 죽은 척한다.

캠프 첫날, 우리는 관리자의 안내에 따라 동물원 안으로 들어간다. 관리자는 "염소를 건드리지 마세요."라고 말한다. 그리고 거기 들어간 사람들은 '만일 내가 염소를 건드리면 염소가 죽은 척하겠지?'라고 생각한다. 그때부터 그들은 손대지 않고 염소를 죽은 척하게 할 방법을 생각하기 시작한다. 그래서 갑자기 고함을 치거나 손으로 바닥을 치기도 한다. 염소를 빨리 죽은 척하게 하려고 서로 경쟁을 벌인다.

그러나 만일 동물원 안에 염소 대신 사자가 있었다면 어떨까?

사자에게 고함을 지르거나 바닥을 치는 사람은 아무도 없을 것이다. 간혹 동물원 안으로 들어가서 사자를 가만히 만지는 건 괜찮을 거라고 생각하는 사람이 있을 수 있다. 그러나 제정신을 가진 사람이라면 사자가 있는 우리 안에서 법석을 떨지는 않을 것이다. '최상위 포식자를 놀라게 하는 게임' 따위는 아무도 하지 않는다. '상대는 사자고, 나는 사람이다. 그가 나를 먹어버릴 수도 있다'고 판단하게 된다. 이 같은 상황은 두려움과 경외심을 유발한다.

마찬가지로 우리는 하나님에 대해서도 그런 두려움을 갖는다. 그분은 마치 나니아의 아슬란과 같다. 우리는 그가 선하지만 무서운 분이라고 생각한다.

빌립보의 초기 회심자들이 하나님께 느낀 두려움은 성경적인 것이다. 그것은 성화의 과정에서 느끼는 두려움과 같은 종류다(빌 2:12). 겸손과 경외심이 내포된 두려움이다.

여종과 간수가 이런 두려움을 느꼈다고 생각되지 않는가?

그들의 회심 과정에서 자연과 사탄의 영역을 제압하시는 하나님의 능력이 뚜렷이 나타났다. 바울은 회심 과정에서 그리스도의 생생한 음성을 들었다. 그리고 그의 특이한 회심은 특이한 사역으로 이어졌다. 빌립보서 2장에 두루 깔려 있는 것이 바로 이런 경외심을 담은 두려움이다.

다툼과 허영의 실체

바울은 빌립보서 2장을 이렇게 시작한다. "그러므로 그리스도 안에 무슨 권면이나 … 있거든"(빌 2:1).

이것은 가정이나 추측의 뜻으로 한 말이 아니다. 그리스도 안에 아무런 권면도 없을 수 있다는 의미가 아니다. "만일 너희가 그리스도 안에 권면이 있다는 전제를 인정한다면…"이라고 말하고 있을 뿐이다. 그리스도 안에 많은 권면이 있음을 경험을 통해 알고 있지 않느냐는 의미다.

여기서 말하는 권면이 무엇일까?

첫째는 배경이나 성향, 죄, 가족사와 무관하게 누구나 구원받을 수 있다는 격려다. 우리는 은혜로 구원받았으며, 그 은혜는 '그럼에도 불구하고'의 의미를 담고 있다. 즉 우리는 '그토록 많은 …에도 불구하고' 구원받았다. 이것은 위대한 격려다.

계속해서 바울은 이렇게 말한다.

> 그러므로 그리스도 안에 무슨 권면이나 사랑의 무슨 위로나 성령의 무슨 교제나 긍휼이나 자비가 있거든 마음을 같이하여 같은 사랑을 가지고 뜻을 합하며 한마음을 품어(빌 2:1-2).

사랑으로부터 오는 위로가 있는가? 절대적으로 그렇다. 하나님의 사랑에는 영원한 위로가 있다.

바울은 빌립보인들로 하여금 그들이 받은 것이 곧 빚진 것임을 알도록 돕고 있다. 로마서 13장 8절에서 바울은 이렇게 말한다. "피차 사랑의 빚 외에는 아무에게든지 아무 빚도 지지 말라." 이것은 빌립보서 2장 1-2절을 다른 말로 표현한 말이다.

당신이 그리스도의 구원에 의해 격려 받았다면, 당신이 하나님 아버지의 사랑으로 어떤 위로를 받았다면, 당신 안에 거하시는 성령의 임재가 당신을 강건케 한다면, 서로 연합하고 사랑하며 함께 그리스도를 높이는 삶으로 나아가라. "나의 기쁨을 충만하게 하라"(빌 2:4)는 것은 바로 이런 뜻에서 한 당부다.

여기서 바울은 빌립보서 1장의 요지를 상기시킨다. 즉 복음이 참되다면 우리의 삶으로 그 참됨을 드러내야 한다. 우리가 예수님과 연합했다면, 그 연합이 삶 가운데서 구현되어야 한다. 빌립보서 1장 17절에서 지적하고 27절에서 암시하듯이, 그리스도인의 연합을 가로막는 것은 개인적인 이기심과 교만이다. 그래서 바울은 "아무 일에든지 다툼이나 허영으로 하지" 말라고 당부한다(빌 2:3).

"아무 일에든지." 우리가 무엇을 하든, 어디로 가든, 그리고 어디에 소속되었든, 다툼과 허영이 동기를 부여하는 요인이어서는 안 된다.

첫 번째 금지 사항은 **다툼**이다. 다툼은 이기적인 야심에서 비롯된다. '저들이 이 정도 돈을 벌고 있으니 나도 그만큼 벌어야 한다'는 생각은 금물이다. '저들이 이 정도 수준의 행복을 누리므로 나는 그들보다 조금 더 행복해야 한다'는 생각도 금물이다. 그것은 "너 정도는 가소롭다"는 태도다.

어떤 역본들은 '다툼'을 **'경쟁'**으로 번역한다. 이는 마치 그리스도께서 아직 승리를 결정짓지 못하신 것처럼 사는 삶이다. 마치 우리가 그리스도 안에서 아직 승리하지 못한 것처럼, 그리스도의 무한한 부요를 아직 받지 못한 것처럼 처신하는 것이다. 무슨 일이든 그런 태도로 하면 안 된다.

그 다음 금지 사항은 유사하면서도 약간 다르다. "아무 일에든지 허영으로 하지 말라." "다툼"이 상대방을 이기려 하는 것이라면, "허영"은 비통한 패배자가 되지 않으려는 마음과 관련된 것이다. 즉 허영은 외모나 체면에 관한 것이다. 허영은 자신의 이미지에 치중하는 허세나 교만과 같다.

3. 겸손한 자가 높임을 받는다

당신은 다른 사람들과 비교하여 자신이 뒤처진다고 생각할 때 비통해지는가? 다른 사람들의 성공이나 기뻐하는 모습을 자신의 부족함과 비교하여 시기, 질투, 분노, 악의에 빠져드는가? 다른 사람을 멸시하는가?

다른 사람이 잘못될 때 기쁨을 느낀 적이 있는가? 그런 기쁨을 뜻하는 **샤덴프로이데**(schadenfreude)라는 독일어가 있다. 이것은 남의 불행을 고소하게 여김을 뜻하는 말이다. '아메리카 퍼니스트 홈 비디오'(America's Funniest Home Videos)라는 텔레비전 프로그램에서 가랑이를 걷어차이는 남자를 보고 웃을 때 그 웃음의 중심에 있는 것이 바로 그런 감정이다.

이웃의 실패를 고소해하는 것은 증오심의 표현이라 할 수 있다. 흔히 우리는 그 사람이 그런 실패를 당하도록 처신했다거나 그 실패로 인해 겸손해진다는 식으로 말하며 자신의 증오심을 위장하거나 정당화한다. 그러나 **샤덴프로이데**는 자신에게도 나쁘다. 그것은 자만심의 표현이고 우쭐해지는 것이다. 잘난 척하는 것이다. 그 순간 우리는 누가 가치 있는 사람이며 누가 가치 없는 사람인지를 결정하는 판단자가 된다.

그러므로 "아무 일에든지 다툼이나 허영으로 하지 말라"는 명령에 불순종하는 것은 자기 우상 숭배다. "오직 겸손한 마음으로 각각 자기보다 남을 낫게 여기라"(빌 2:3 참조).

이렇게 하는 것이 힘들지 않다고 생각한다면 우리는 사람이 아닐 것이다. 아니면 자신의 마음을 솔직하게 들여다보지 않은 것이다.

자신의 말이 곡해되지 않도록 바울은 4절에서 이렇게 덧붙인다. "각각 자기 일을 돌볼뿐더러 또한 각각 다른 사람들의 일을 돌보아."

자신의 이득만 추구하지 않고 자기보다 남을 낮게 여기는 태도는 자만심에 뿌리를 둔 일상생활이나 교만한 마음에서는 생겨나지 않을 것이다. 결국 다툼과 허영은 자신이 이미 받은 것보다 더 많이 받아야 하며 더 가치 있는 존재로 평가되어야 한다는 우상 숭배적인 생각에서 비롯된다.

이 이기적인 신념은 다른 모든 죄의 이면에 놓인 실제적인 죄다. 다시 말해 그것은 원초적인 **원죄**다. 뱀이 아담과 하와를 유혹할 때 "하나님처럼 될 것이다."라고 자만심을 부추기는 방법을 썼다. 이처럼 다툼과 허영으로 행할 때마다, 자신을 남보다 낮게 여기거나 자신의 이득만 추구할 때마다, 본질적으로 우리는 "나는 하나님이다."라고 말하는 셈이다.

겸손케 하는 두려움, 경외

성경에는 하나님의 영광과 인간의 겸비(謙卑)함에 관한 내용이 가득하다. 누가복음 1장에 수록된 마리아의 찬가에서 한 예를 엿볼 수 있다.

천사가 나타나서 엘리사벳이 아들을 낳을 것이라고 알려주었다. 엘리사벳은 아기를 갖기에 너무 늙은 나이였지만 천사의 말대로 임신했다.

몇 달 후 그 천사는 마리아에게도 나타나 하나님의 아들 예수를 낳을 거라고 알려주었다. 마리아는 '나는 처녀인데 어떻게 그런 일이 가능할까?' 생각했다. 이에 천사는 성령의 능력으로 임신하게 될 것이라고 말했다. 그때 마리아가 엘리사벳을 방문했고, 성경 중 가장 심오한 내용이 이 두 여인이 주고받는 말 속에 담겨졌다.

> 이때에 마리아가 일어나 빨리 산골로 가서 유대 한 동네에 이르러 사가랴의 집에 들어가 엘리사벳에게 문안하니 엘리사벳이 마리아가 문안함을 들으매 아이가 복중에서 뛰노는지라 엘리사벳이 성령의 충만함을 받아 큰 소리로 불러 이르되 여자 중에 네가 복이 있으며 네 태중의 아이도 복이 있도다 내 주의 어머니가 내게 나아오니 이 어찌 된 일인가 (눅 1:39-43).

엘리사벳은 마리아의 복중에 있는 아기를 가리켜 "주"라고 불렀다. 그렇게 마리아의 복중에 있는 아기를 경배했다. 얼마나 놀라운 믿음인가! 이것은 아직 태어나지 않은 아기의 특성과 성육신에 관한 강력한 전거(典據)이기도 하다.

엘리사벳은 계속해서 이렇게 말한다.

> 보라 네 문안하는 소리가 내 귀에 들릴 때에 아이가 내 복중에서 기쁨으로 뛰놀았도다 주께서 하신 말씀이 반드시 이루어지리라고 믿은 그 여자에게 복이 있도다 (눅 1:44-45).

마리아의 복중에서 일어나고 있는 일은 예언 성취와 인류의 미래를 위해(그리고 온 우주의 미래를 위해) 매우 중요했으므로 복중의 세례 요한이 경배했다. 이에 대한 마리아의 응답을 살펴보기 전에, 이 심오하고도 특이한 순간을 잠시 숙고해보자.

지난 10년 동안 나는 해외로 여행할 기회가 많았다. 그렇게 아내와 아이들을 떠나 지구 반대편으로 여행할 때면 종종 묘한 경험을 하게 된다. 아내와 이야기를 하려고 전화기를 들었다가 갑자기 멈칫한다. 내가 머무는 곳은 오후 세 시지만 아내가 있는 곳은 새벽 네 시임을 깨닫기 때문이다.

댈러스의 집에 있을 때 나는 세계가 얼마나 광대한지 좀처럼 자각하지 못한다. 내가 잠자고 있는 동안 지구 반대편은 대낮이다. 아시아에서 멋진 경험을 하고 아내와 통화하고 싶어 전화기를 들다가도 댈러스의 시각이 새벽 네 시인 걸 알고 바로 통화를 포기한다. 아내는 동이 트기 전에는 좀처럼 움직이려 하지 않는다. 새벽 이른 시간에 아내에게 전화한다면 분명 "아침에 얘기하면 되잖아요."라고 말할 게 뻔하다. 그럴 때 나는 지구가 얼마나 광대한지를 실감한다.

지금도 세계 곳곳에서는 수많은 사람이 정반대의 모습을 연출하고 있다.

기뻐서 웃는 사람도 있고, 마음 깊은 고통에 흐느끼는 사람도 있다. 마지막 숨을 몰아쉬는 사람이 있는가 하면, 첫 아기를 출산하는 사람도 있다. 어떤 사람은 저녁 식사 중이고, 또 다른 사람은 아침을 먹고 있다. 세계는 넓고 크다. 우주는 더 광활하다. 지구에서 수억

광년 떨어진 곳에 위치한 행성도 하나님의 주권적인 통제와 권능 아래 있다. 이 사실만 생각해도 다윗의 감탄을 어느 정도 이해할 수 있을 것이다.

> 주의 손가락으로 만드신 주의 하늘과 주께서 베풀어두신 달과 별들을 내가 보오니 사람이 무엇이기에 주께서 그를 생각하시며 인자가 무엇이기에 주께서 그를 돌보시나이까(시 8:3-4).

엘리사벳을 만났을 때 마리아가 느낀 것이 바로 이 놀라운 경외심과 당혹감이다. 하나님은 마리아의 복중 아기를 통해 창조, 타락, 구속, 완성으로 이어지는 인류 역사의 정점을 이루고 계셨다. 그 모든 것이 마리아의 복중에 있는 아기, 하나님의 아들에게 달려 있었다.

하나님이 성육신하여 사탄을 물리치고 죄를 제거하며 만물을 회복시키기 위해 어떤 방법을 택하셨는가? 세상의 외진 곳에 사는 늙은 여자와 십대 처녀에게 임하셔서 기적적인 임신이 이루어지게 하셨다. 하나님의 영광을 접한 비천한 인생의 입에서 경건한 찬양이 터져 나왔다.

내 영혼이 주를 찬양하며 내 마음이 하나님 내 구주를 기뻐하였음은 그의 여종의 비천함을 돌보셨음이라 보라 이제 후로는 만세에 나를 복이 있다 일컬으리로다 능하신 이가 큰일을 내게 행하셨으니 그 이름이 거룩하시며 긍휼하심이 두려워하는 자에게 대대로 이르는도다 그의 팔로 힘을 보이사 마음의 생각이 교만한 자들을 흩으셨고 권세 있는 자를 그 위에서 내리치셨으며 비천한 자를 높이셨고 주리는 자를 좋은 것으로 배불리셨으며 부자는 빈손으로 보내셨도다 그 종 이스라엘을 도우사 긍휼히 여기시고 기억하시되 우리 조상에게 말씀하신 것과 같이 아브라함과 그 자손에게 영원히 하시리로다(눅 1:46-55).

이 찬양은 단순히 지적인 표현에 그치지 않는다. 마리아의 영혼 깊은 곳에서 솟아난다.

첫 행에서 마리아는 그 점을 밝히고 있다. 따라서 이 노래에는 깊은 지혜가 담겨 있다. 이 찬양은 하나님을 두려워하는 자들을 그가 어떻게 대하시는지 보여준다. 그들은 하나님의 영광에 비추어 자신의 위치를 직시한다. 경건한 두려움은 깊은 겸손을 내포한다. 마리아의 찬가에는 다른 메시지도 들어 있다. 그것은 바울이 빌립보서 2장에서 언급하는 내용이기도 하다.

긍휼히 여김을 받은 사람들

마리아는 "긍휼하심이 두려워하는 자에게 대대로 이르는도다"라고 노래한다(눅 1:50). 하나님은 당신을 두려워하는 경건한 자들을 어떻게 대하실까? **긍휼**로 대하신다.

여기서 마리아는 하나님이 경외심을 지닌 자, 즉 하나님의 임재 안에서 진지하게 행하는 자를 긍휼히 여기신다고 말한다.

마리아만 이렇게 말한 것이 아니다. 삭개오는 키가 아주 작은 사람이었다. 그래서 주님을 보고 싶어서 뽕나무에 올라갔다.

삭개오는 세리였다. 이는 그가 수많은 사람을 죽이며 강간한 로마 점령군 덕분에 돈을 벌었음을 뜻한다. 예수께서 세리들과 어울리셨을 때 많은 유대인이 분노한 것도 바로 그 때문이다.

삭개오라는 보잘것없는 사람이 예수님을 보려고 했다. 그는 다른 사람 눈에 띄고 싶지 않았다. 그러나 예수님은 그를 알아보고 부르셨다. 삭개오와 함께 그의 집으로 가셨다.

저녁 식사가 끝날 때쯤 예수님은 "오늘 구원이 이 집에 이르렀으니"라고 선언하셨다(눅 19:9).

세리 삭개오에게 긍휼이 임한 이유는 무엇일까? 그가 예수님을 두려워했기 때문이다. 그는 유다의 사자(the Lion of Judah)를 존경했다.

귀신 들린 딸을 구원해주실 것을 간청하며 예수께 나아간 가나안 여인을 생각해보라(마 15:21-28). 그녀에게 예수께서 하신 말씀은 매우 모욕적이다 못해 비열하게까지 들릴 수 있는 말씀이었다.

"나는 이스라엘 집의 잃어버린 양 외에는 다른 데로 보내심을 받지 아니하였노라. 자녀의 떡을 취하여 개들에게 던짐이 마땅하지 아니하니라."

그런데도 그 여자는 어떻게 대답했는가?

"주여 옳소이다마는 개들도 제 주인의 상에서 떨어지는 부스러기를 먹나이다"(마 15:23-27 참조).

이는 **경외심으로 가득한 겸비함**이다. "주여, 옳습니다. 제게 부스러기만 주소서. 제가 원하는 건 그게 전부입니다." 그러자 예수님께서 어떻게 하셨는가? 즉시 그 여자의 딸을 고치시며 "여자여, 네 믿음이 크도다. 네 소원대로 되리라"고 선언하셨다(28절). 그를 두려워하는 자들에게는 긍휼이 임한다.

한번은 예수께서 바닷가에 계실 때 군중이 모여들었다. 무리 가운데서 혈루증을 앓던 한 여인이 예수님의 겉옷에 가만히 손을 댔다. 그녀는 예수께 감히 직접 고할 자격이 없다고 생각했다. 자신의 몸에서 능력이 나간 것을 느끼신 예수님은 걸음을 멈추고 "누가 내 옷에 손을 대었느냐?" 하고 물으셨다(막 5:30). 그 여자는 "제가 그랬나이다."라고 떨면서 말했다. 그러자 예수님은 "딸아 네 믿음이 너를 구원하였으니 평안히 가라. 네 병에서 놓여 건강할지어다."라고 말씀하셨다(33-34절 참조).

그를 두려워하는 자들에게는 긍휼이 임한다.

아마도 가장 생생한 사례는 예수님 바로 옆의 십자가에 달렸다가 회개한 강도일 것이다.

예수님은 모욕과 침 뱉음을 당하셨고, 심지어 함께 십자가에 달린 강도에게까지 조롱당하셨다. 그러나 예수님 옆에서 십자가 고통을 당하는 중에 놀라운 심적 변화를 경험한 다른 한 강도는 동료를 책망했다. "네가 동일한 정죄를 받고서도 하나님을 두려워하지 아니하느냐 우리는 우리가 행한 일에 상당한 보응을 받는 것이니 이에 당연하거니와 이 사람이 행한 것은 옳지 않은 것이 없느니라"(눅 23:40-41). 결국 그는 예수님의 나라가 임할 때 자신을 기억해 주실 것을 간구했다. 그리고 예수님은 "오늘 네가 나와 함께 낙원에 있으리라"고 대답하셨다(43절).

그 강도에게는 자신의 죄를 속할 기회가 없었고, 자신의 악행을 상쇄할 정도의 선을 행할 기회도 없었다. 설령 그에게 백만 번의 삶이 주어졌다 해도 그렇게 할 수 없었을 것이다. 그렇다면 그가 예수께 드려야 했던 것이 무엇일까? 두려움, 경외심, 존경, 경배였다. 그를 구원한 것은 하나님의 은혜였다. 하나님은 그분을 두려워하는 자들을 긍휼히 여기신다.

빌립보서 2장 서두에서 바울이 복음에 합당한 삶에 관한 자신의 생각을 피력했듯이, 하나님은 겸손한 자에게 무한한 축복을 베푸신다(빌 2:8-11). 그리스도는 회개할 죄가 없었는데도 자신을 비우시고 아버지의 뜻에 복종하셨다. 그리스도를 두려워하는 자들이 긍휼의 구원을 얻는 것은 그리스도의 완전한 순종이 그들에게 전가되기 때문이다.

자원, 구원, 관계의 은혜

겸손케 하고 긍휼히 여기심을 받게 하는 경건한 두려움은 우리를 불안하거나 소심한 상태로 내몰지 않는다. 이 두려움 속에는 영원한 확신에 대한 근거와 진정한 힘이 있다. 마리아의 찬가에서 이 힘을 엿볼 수 있다.

그의 팔로 힘을 보이사 마음의 생각이 교만한 자들을 흩으셨고 권세 있는 자를 그 위에서 내리치셨으며 비천한 자를 높이셨고(눅 1:51-52).

다음 장에서 하나님의 흩으심을 살펴보겠지만, 여기서는 예수 그리스도의 복음 안에서 겸손한 자들이 높임을 받는다는 사실에 주목해야 한다. 이것은 성경에서 거듭 강조되는 진리다. 다음 구절들을 살펴보자.

누구든지 자기를 높이는 자는 낮아지고 누구든지 자기를 낮추는 자는 높아지리라(마 23:12).
무릇 자기를 높이는 자는 낮아지고 자기를 낮추는 자는 높아지리라(눅 18:14).
주 앞에서 낮추라 그리하면 주께서 너희를 높이시리라(약 4:10).
그러므로 하나님의 능하신 손 아래에서 겸손하라 때가 되면 너희를 높이시리라(벧전 5:6).

성경에서 하나님이 강하고 유능하며 명석한 자를 높이신 경우는 드물다. 오히려 하나님은 보잘것없는 자들을 택하신다. 그분의 방식은 이런 식이다. "내가 가장 우둔한 자를 찾아서 내 능력으로 채워줄 것이다."

이새의 아들들 가운데 하나를 왕으로 기름 붓기 위해 나단이 방문했을 때, 이새는 아들들을 선지자 앞에 세웠다. 다만 한 아들은 제외시켰다. 그는 다윗을 소개할 생각조차 하지 않았다. 다윗은 어딘가에서 수금을 타고 있었기 때문이다. 들판에서 수금 타는 아이가 전쟁의 용사(warrior king)가 될 거라는 생각은 아무도 하지 않았을 것이다. 그러나 나단은 다윗에게 기름을 부었다.

당시 왕은 사울이었다. 사울에 관한 성경 기록에 따르면, 그는 다른 사람보다 어깨 위만큼 컸다(삼상 10:23). 전국에서 가장 유능한 사냥꾼이자 전사였다. 그러나 하나님은 들판에서 수금을 타고 있는 소년을 원하셨다. 그분은 비천한 자를 높이신다.

모세도 마찬가지다. 그는 애굽인을 살해한 도망자이자 말더듬이였으나 하나님이 그에게 기름을 부어 이스라엘 자손의 지도자로 세우셨다.

내가 가장 좋아하는 사례는 베드로다. 신약성경에 나오는 베드로의 행적을 보면 내 삶에도 희망이 있음을 느낀다. 베드로는 결코 훌륭한 성품의 소유자가 아니었다. 성령을 받은 후에도 마찬가지였다. 교회가 설립되어 성장을 시작한 후에도, 바울은 유대인들 앞에서 보인 베드로의 위선을 질타했다.

예수께서 인품과 명석함에서 가장 뛰어난 자들을 모으려 했다면 결코 베드로를 택하지 않으셨을 것이다. 베드로는 성미가 급했고, 생각보다 말을 앞세웠다. 지적으로나 영적으로 이해가 더뎠다. 그러나 예수님은 베드로를 교회의 반석으로 삼으셨다(마 16:18).

그리스도를 줄곧 실망시킨, 부단히 실수를 범한 베드로가 결국 높임을 받았고, 유대인의 사도가 되었다. 그는 십자가에 달려 순교했다. 허물과 죄악에도, 그의 신실하고 경건한 두려움이 그를 의의 일꾼으로 일으켜 세웠다.

비천한 자가 높임을 받는다는 것이 과연 무엇일까? 마리아의 찬가가 이 물음에 답해준다.

> 주리는 자를 좋은 것으로 배불리셨으며 부자는 빈손으로 보내셨도다 그 종 이스라엘을 도우사 긍휼히 여기시고 기억하시되 우리 조상에게 말씀하신 것과 같이 아브라함과 그 자손에게 영원히 하시리로다(눅 1:53-55).

경건하고 신실한 자들이 높여지는 것은 본질적으로 세 가지 측면에서다. **자원**, **구원**, 그리고 **관계**.

나는 하나님께서 주린 자를 좋은 것으로 배불리신다는 약속을 좋아한다. 물론 음식만이 아니라 풍성한 축복과 자원으로 채워주실 것이다. 구원받을 때 우리는 가장 큰 보화이신 그리스도를 얻는다. 다른 모든 것을 잃어도 그리스도를 얻으면 족하다. 그러나 영적인 산술은 흥미롭다. "자기 아들을 아끼지 아니하시고 우리 모든 사람을 위하여 내주신 이가 어찌 그 아들과 함께 모든 것을 우리에게 주시지 아니하겠느냐"(롬 8:32). "너희는 먼저 그의 나라와 그의 의를 구하라 그리하면 이 모든 것을 너희에게 더하시리라"(마 6:33).

경건한 두려움과 겸손으로 그리스도께 나아가는 사람들은 누구나 무한한 만족과 축복 위의 축복을 얻을 것이다. 그의 충만하심 안에서 은혜 위에 은혜를 얻을 것이다.

우리가 그리스도 안에서 받는 것은 무한한 은혜의 선물만이 아니다. 영원한 구원도 받는다. "그 종 이스라엘을 도우사"(눅 1:54).

예수님은 우리 죄를 사하시고 죄와 사망에서 구하셔서 우리를 도우신다. 뿐만 아니라 우리를 진리 가운데로 이끄시는 보혜사 성령을 보냄으로써 도와주신다. 성령은 우리의 높여짐에 대한 보증이다(고후 1:22, 5:5).

또한 우리는 자원과 구원만이 아니라 관계의 선물도 얻는다. 우리가 자신의 비천한 신분을 자백하고 어린아이 같은 마음으로 회개하며 겸손과 가난한 심령으로 그리스도를 통해 하나님께 나아갈 때, 하나님 아버지는 우리를 달걀 위를 걷듯 위태로운 상태에 방치하지 않으신다.

마리아 찬가는 언약의 조상 아브라함과 족장들에게 말씀하신 하나님이 언약 후손들에게 영원히 말씀하실 거라고 노래한다. 하나님 아버지는 우리를 그분과 화해시키시고, 사랑으로 받아들이시며, 우리로 하여금 그 아들의 영광을 나누게 하신다.

때문에 히브리서 기자는 이렇게 권한다. "그러므로 우리는 긍휼하심을 받고 때를 따라 돕는 은혜를 얻기 위하여 은혜의 보좌 앞에 담대히 나아갈 것이니라"(히 4:16).

하나님은 온갖 부류의 무능력자들을 부르실 수 있지만 그 무능함을 줄곧 방치하지 않으신다. 우리를 위한 그분의 계획은 우리의 상상을 초월한다.

하나님이 누구를 높이시는가?

그의 이름을 두려워하는 자들을 높이신다. 경외심을 가지고 겸손히 자신을 비우고 자신의 영적 파산 상태를 인정하는 자들을 높이신다. 우리가 경건한 두려움으로 낮아질 때, 하나님은 긍휼로써 우리를 높이실 것이다.

바울은 우리가 그리스도의 겸손을 본받으면, 지금 이 세상에서 빛을 발함과 아울러 내세에서도 경건한 자부심으로 가득할 것이라고 했다(빌 2:1-16).

하나님이 높이시는 사람은 육신적인 자아에 몰두하는 교만한 자가 아니다. 하나님은 오히려 교만한 자를 낮추신다.

4.
교회는
그리스도의 형상을
대변하는 존재다

●

그들이 다 자기 일을 구하고
그리스도 예수의 일을 구하지 아니하되(빌 2:21).

나의 목회지인 빌리지교회(The Village Church)에서 나는 주로 청바지를 입고 셔츠도 바지 안에 밀어 넣지 않는다. 그런 옷차림이 우리 교회에서는 표준화된 것 같다. 그런 복장에 대해 무슨 말을 하는 사람이 없다. 그저 자연스럽게 그렇게 지낸다. 복장에 관한 한 격식을 차리지 않는다.

그러던 어느 해 나는 크리스마스이브 예배를 위해 복장에 좀 신경 쓰기로 마음먹었다. 그래서 옷장에서 수년 전에 구입한 헐거운 바지를 꺼내고 근사한 정장용 셔츠를 입었다. 크리스마스에 어울리는 붉은색 셔츠였다. 물론 셔츠를 단정하게 밀어 넣었다. 그다지 편하진 않았지만 그렇게 했다. 특별한 예배를 위해 좀 특별하게 차려 입고 싶었다. 그 옷차림으로 교회로 가서 크리스마스이브 설교를 했다.

그런데 크리스마스 다음 날 한 여자 교인이 내게 이메일을 보냈다. 소신을 버렸음을 신랄하게 지적하는 내용이었다.

저는 주일마다 정장을 갖춰야 하는 교회에서 자랐어요. 남자는 신사복을 입고, 여자는 반드시 드레스를 입어야 했죠. 외모에 온통 초점이 맞춰졌고, 정장 차림을 하지 않으면 따가운 눈총을 느꼈습니다. 몹시 피상적이며 율법주의적이었어요. 제가 '빌리지교회'에 출석하게 된 이유 중

하나도 바로 자유로운 옷차림 때문입니다. 다른 사람들보다 잘 입으려고 애쓸 필요가 없어서 좋아요. 그런데 목사님, 크리스마스이브에는 목사님이 소신을 버리신 것 같아요.

그녀의 말은 내가 근사한 바지를 입고 붉은 셔츠를 바지 안에 밀어 넣었기 때문에 소신을 버렸다는 것이었다.

여기서 우리가 솔직해져야 하지 않을까? 그녀의 이야기는 복장에 관한 것이 전부였다. '주님을 사랑한다면 정장을 입어야 한다'는 개념을 거부하는 생각에서 '주님을 사랑한다면 정장을 입지 말아야 한다'는 개념을 고수하는 생각으로 전환했을 뿐이다. 즉 그녀의 이야기는 그녀가 예전 교회에서 듣던 말과 사실상 같은 내용이다. 단지 복장 스타일에 적용할 뿐이었다.

그녀가 제기한 불만 이면에는 율법주의적인 부모에게서 받은 마음의 상처가 자리 잡고 있었고, 그녀는 그 상처를 제대로 처리하지 못한 채 그것을 다시 떠올리게 하는 상대에게 악감정을 표했다.

이보다 심각한 사례도 있다.

어느 부부 중 한 명이 "정말 이건 아닌 것 같아요. 우리에겐 도움이 필요해요. 상담을 받아야겠어요. 교회에 가서 누군가의 조언을 들어보기로 해요."라고 말한다. 그러자 상대방은 "아니오. 우린 문제없어요. 내가 더 잘하면 될 거예요."라고 대답한다. 이 경우에는 어떻게 해야 할까?

두 경우에서 발견되는 근본적인 결함은 교만이다. "내가 다 알고 있어."라고 말하는 교만이다. 자신의 독립적인 생각과 판단을 과신하는 태도다.

이것은 금단의 열매를 손에 넣으려는 것과 같다. 마리아 찬가에서 하나님이 흩으신 것으로 묘사된 것이 바로 그와 같이 교만한 생각이다(눅 1:51).

우리 자신의 자만심이라는 감옥에 갇히는 것은 무서운 일이다.

누가복음 1장 51절의 **"생각"**에 해당하는 헬라어는 **"상상"**이라는 뜻을 지닌다. 즉 하나님은 그분의 상상으로 교만해진 자들을 흩으신다. 누가복음 1장 51절 말씀은 로마서 1장 21-24절을 연상시킨다.

> 하나님을 알되 하나님을 영화롭게도 아니하며 감사하지도 아니하고 오히려 그 생각이 허망하여지며 미련한 마음이 어두워졌나니 스스로 지혜 있다 하나 어리석게 되어 썩어지지 아니하는 하나님의 영광을 썩어질 사람과 새와 짐승과 기어 다니는 동물 모양의 우상으로 바꾸었느니라 그러므로 하나님께서 그들을 마음의 정욕대로 더러움에 내버려두사 그들의 몸을 서로 욕되게 하게 하셨으니(롬 1:21-24).

성경을 진지하게 공부해보면, 하나님께서 우리 마음의 상상대로 내달리도록 방치하신다는 개념이 지옥 다음으로 무섭다는 사실을 알 수 있다.

진짜 문제를 자신의 깊은 내면에서 찾아내려 하지 않고 다른 사람에게서 찾으려 하면 자신의 죄악을 결코 해결하지 못한다.

우리 마음의 상상 속에 고착되어서 비롯되는 위험한 문제 중 하나가 바로 이것이다. 우리는 다른 사람을 비난하고 자신을 정당화하며, 다른 사람에게 받은 상처에 집착한다. 마치 자신이 순교자라도 된 것처럼 착각한다. 자신의 허물을 직시하지 못하며, 되도록 모든 사람을 사랑하고 용서하며 그들과 화목하려고 노력해야 하는 책임을 도외시한다.

우리는 주변 사람에게 너무도 부당한 이유로 배신당할 수 있다. 그러나 그럴 때에도 주께 실토해야 할 깊은 내면의 문제가 있을 것이다. 계속, 면밀하게 자신의 마음을 살펴야 한다. 교만한 마음은 상상 속에서 그릇 판단되기 쉽다.

교만한 자들은 그리스도의 길을 진정으로 추구하지 않는다. 자신의 '어두워진 마음'이라는, 아이맥스(IMAX)에서 상영되는 자기중심적인 영화가 그들 시야에 가득하기 때문이다.

바람을 잡으려는 허망함

가끔 나는 부자에 관한 성경말씀 때문에 복음주의 교회에서 당혹감을 느낀다. 내가 부자여서가 아니라 우리 교회에 부유한 사람들이 모이는 것을 좋아하기 때문이다. 그러나 성경은 부자에 대해 매우 부정적으로 말한다. 그중 가장 유명한 구절은 아마도 마태복음 19장 23-24절일 것이다.

내가 진실로 너희에게 이르노니 부자는 천국에 들어가기가 어려우니라 다시 너희에게 말하노니 낙타가 바늘귀로 들어가는 것이 부자가 하나님의 나라에 들어가는 것보다 쉬우니라.

부의 위험성을 지적하는 성경구절이 많다.

성경말씀을 설교하다 보면 부의 위험성을 경고하는 내용으로 마감하는 경우가 적지 않다. 잘못한 일도 없으면서 괜히 기가 죽은 채 교회를 떠나는 이들도 있다. 벤츠를 타면서 괜히 부끄럽고 미안한 마음을 갖기도 한다.

그러나 성경이 부에 대해 경고하는 것은 돈 자체가 나빠서 그러는 것이 아니다. 부유해지는 것은 죄가 아니다.

성경은 우리 마음에 초점을 맞춘다. 돈을 가진 사람은 그렇지 않은 사람보다 강한 유혹을 받는다.

많은 돈이 생기면(자신이 벌었든, 유산으로 받았든) 자신이 그 돈을 갖기에 '**합당하다**'고 믿기 쉽다. 그리고 일단 자신이 자격 있다고 생각하게 되면 현재 소유한 것보다 더 많이 가질 자격이 있다는 마음이 저절로 생긴다.

돈에 대해서만 그런 것이 아니다. 권력이나 명예도 마찬가지다. 부자가 허망해지기 쉬운 까닭은 **아무리 채워도 채울 수 없는 만족**을 추구하게 되기 때문이다.

전도서 기자는 바람을 잡으려 하는 허망한 노력을 언급한다(전 1:14). 즉 솔로몬은 이런 식으로 말했다.

"내가 마련한 잔치는 워낙 대규모여서 소 1천 마리를 잡고 수천 통의 포도주를 준비해야 할 정도였다. 그렇지만 그 모든 것이 허망하고 무의미하다. 나는 숲과 정원을 만들고 집과 신전들을 지었다. 나보다 더 성공한 사업가는 없을 것이다. 그러나 그 결과는 허망함이다. 무의미하다. 나는 날마다 마사지를 받고 최상의 요리를 먹고 많은 처첩을 거느렸다. 삶의 모든 영역에서 그 어떤 사람보다 큰 성공을 거두었다. 하지만 결론은, 헛되고 헛되며 모든 것이 헛되다는 것이다."

부자가 이렇듯 종종 허망해지는 이유는 결코 채울 수 없는 것을 끊임없이 원하기 때문이다.

교만한 마음의 상상은 계속 달릴 것만 주문한다. 달리고 또 달리게 한다. 마치 바람을 잡으려는 것과 같다.

이사야 선지자는 "너희가 어찌하여 양식이 아닌 것을 위하여 은을 달아주며 배부르게 하지 못할 것을 위하여 수고하느냐"고 지적했다(사 55:2). 우리는 종종 이런 식으로 말한다.

"이 직업만 가지면 내 삶이 완벽할 텐데."
"남자친구(여자친구, 남편, 혹은 아내)만 있으면 더 행복할 텐데."
"돈이 더 많으면 사는 게 훨씬 재미있을 거야."
"이 전화기만 가지면 내 삶이 더 근사해질 거야."

하지만 바라는 것을 얻었을 때 우리는 자신의 목표가 바뀌어 있음을 알게 된다. 특정한 지점에 이르면 만족할 거라고 생각하지만 만족은 우리에게서 언제나 멀리 있다. 마치 사막의 오아시스 같은 신기루다. 바람을 잡으려는 것과 같다.

교만한 마음의 감옥에서 쳇바퀴를 돌리는 것보다 더 암담하고 무서운 사실은 하나님이 교만한 자를 대적하신다는 것이다. 성경 곳곳에서 이 사실을 언급한다.

- 하나님은 교만한 눈을 싫어하신다(잠 6:16-17).
- 하나님은 교만과 거만을 미워하신다(잠 8:13).
- 여호와는 마음이 교만한 자를 미워하며 반드시 징벌하신다(잠 16:5).
- 하나님은 교만한 자를 물리치신다(약 4:6).

이 말씀들의 가르침은 분명하다.

만일 우리가 다툼과 허영으로 어떤 일을 도모하면 하나님이 우리를 대적하신다. 반면 겸손한 마음을 지닌 자에게는 "내가 너와 함께하며 너를 도울 것이라"고 말씀하신다.

그러므로 이 같은 하나님의 말씀을 듣는 것이 중요하다. 날마다 우리 자신의 마음을 점검해야 한다.

우리는 과연 그분을 신뢰하는가? 그분의 영광을 높이는가? 진정으로 그분을 두려워하는가? 큰 난관과 시련 속에서도 축복과 겸손의 길을 걸어갈 수 있는가? 병든 상태에서 하나님의 이름을 찬양할 수 있는가? 돈을 모조리 잃고도 그 이름을 찬양할 수 있는가? 사랑하는 사람을 잃고도 그분을 찬양할 수 있는가? 혹시 무언가를 얻기 위해 하나님을 이용하고 있지는 않은가? 아니면 추구하는 목표 자체를 하나님으로 삼지 않는가?

예수 그리스도의 겸손과 희생

빌립보서 2장 3-4절로 다시 돌아가보자.

아무 일에든지 다툼이나 허영으로 하지 말고 오직 겸손한 마음으로 각각 자기보다 남을 낮게 여기고 각각 자기 일을 돌볼뿐더러 또한 각각 다른 사람들의 일을 돌보아.

흥미롭게도 헬라어 원문에서는 "일"에 해당하는 구체적인 단어가 없다. 말하자면 그것은 채워 넣어야 할 단어다.

다음의 괄호를 채워보라. "각각 자기 (　　)을 돌볼뿐더러."

이 문장은 기본적으로 이런 의미다. "각각 자신의 집과 직업과 돈과 가족과 친구를 돌볼 뿐 아니라 다른 사람들의 집과 직업과 돈과 가족과 친구도 돌보자."

다른 사람을 두루 돌보는 마음은 어디서 비롯될까? 다툼이나 허영을 접고 다른 사람들을 위해 봉사하고 희생하게 하는 삶의 기초나 동기는 무엇일까?

바울은 이렇게 말한다.

너희 안에 이 마음을 품으라 곧 그리스도 예수의 마음이니 그는 근본 하나님의 본체시나 하나님과 동등됨을 취할 것으로 여기지 아니하시고 오히려 자기를 비워 종의 형체를 가지사 사람들과 같이 되셨고 사람의 모양으로 나타나사 자기를 낮추시고 죽기까지 복종하셨으니 곧 십자가에 죽으심이라 이러므로 하나님이 그를 지극히 높여 모든 이름 위에 뛰어난 이름을 주사 하늘에 있는 자들과 땅에 있는 자들과 땅 아래에 있는 자들로 모든 무릎을 예수의 이름에 꿇게 하시고 모든 입으로 예수 그리스도를 주라 시인하여 하나님 아버지께 영광을 돌리게 하셨느니라 (빌 2:5-11).

겸손한 삶의 기초와 동기는 본보기이신 예수 그리스도의 겸손한 삶과 십자가에서의 희생적 죽음이다.

성경은 예수께서 창조 사역은 물론이고 피조물 보존 사역에도 관여하심을 증언한다.

골로새서 1장 17절은 "그가 만물보다 먼저 계시고 만물이 그 안에 함께 섰느니라"고 말한다. 히브리서 1장 3절은 "그의 능력의 말씀으로 만물을 붙드시며"라고 전한다.

예수님을 체포하려고 움켜쥔 로마인들의 손은 그가 만들고 보존해 주신 손이다. 그분을 붙들기 위해 사용한 힘도 그분에게서 온 것이다. 예수님의 얼굴을 치던 그들의 손에 힘을 넣어주신 이가 바로 그분이다. 예수님에 의해 조절되는 침샘을 사용하여 그들이 예수님께 침을 뱉었다. 그들은 그분이 만드신 금속으로 그분이 지으신 나무에 그분을 못 박았다. 예수님은 이 모든 일을 언제든 중단시키실 수 있었다.

베드로가 예수님을 체포하러 온 자들 중 하나의 귀를 검으로 베었다. 그때 예수님은 귀를 다시 붙여주셨고, 그자는 계속해서 예수님을 체포하는 일에 가담했다. 그때 예수께서 베드로에게 무슨 말씀을 하셨는가? "네 칼을 도로 칼집에 꽂으라 칼을 가지는 자는 다 칼로 망하느니라 너는 내가 내 아버지께 구하여 지금 열두 군단 더 되는 천사를 보내시게 할 수 없는 줄로 아느냐"(마 26:52-53). 이는 누구도 예수님의 생명을 강제로 취할 수 없음을, 그분 스스로 희생의 길을 가셨음을 뜻한다.

겸손의 삶은 무엇에 기초하는가?

바로 예수 그리스도의 십자가다. 예수님 자신이 십자가의 모든 고통을 견디기로 결정하셨다.

그렇다면 우리가 낮아지고, 겸손하며, 다른 사람을 자기보다 낫게 여길 때 어떤 삶으로 이어질까?

> 그러므로 나의 사랑하는 자들아 너희가 나 있을 때뿐 아니라 더욱 지금 나 없을 때에도 항상 복종하여 두렵고 떨림으로 너희 구원을 이루라 너희 안에서 행하시는 이는 하나님이시니 자기의 기쁘신 뜻을 위하여 너희에게 소원을 두고 행하게 하시나니(빌 2:12-13).

여기서 바울은 그것이 자연스러운 일이 아님을 인정한다. 우리에게 자연스러운 일은 자기 자신을 돌보는 것이다. 다툼이나 허영이 자연스럽다.

그런데 바울은 여기서 전면적인 자기부인, 즉 자아에 대한 죽음을 말한다. 십자가를 언급하는 것도 그 때문이다. 우리 중 누구도 자연스럽게 십자가로 향하지 않기에 그는 은혜의 복음을 상기시킨다. 하나님은 그분의 크신 능력과 사랑 안에서 우리에게 십자가를 추구할 수 있는 초자연적인 능력을 주신다.

하나님은 먼저 우리에게 그리스도의 마음을 주신다. "너희 안에 이 마음을 품으라"(빌 2:5)는 말씀은 "그리스도처럼 생각하려고 노력하라"는 뜻이 아니다. 우리는 이 마음을 이미 지니고 있다. 그것은 복음의 은사 중 하나이며 은혜의 선물이다. 따라서 그것을 사용해야 한다.

둘째, 바울은 두렵고 떨림으로 구원을 이루라고 당부하며(빌 2:12), 그 힘든 일을 행할 수 있는 은혜로운 능력도 상기시킨다. "너희 안에서 행하시는 이는 하나님이시니"(빌 2:13). 죄짓는 일은 자연스럽다. 반면 다른 사람에게 선을 행하는 일은 초자연적이다. 그런 우리에게 하나님은 순종할 수 있는 힘을 주시며, 순종하지 못할 경우에는 용서의 은혜도 베푸신다.

그러므로 항상, 언제나 십자가를 추구하라. 거기에는 다른 사람을 위해 봉사하며 희생하는 본보기가 있다. 다른 사람을 위해 봉사하며 희생할 수 있는 힘이 있다. 그 일에 실패할 때 용서받을 수 있는 곳도 거기다.

"그리스도의 일을 위하여"

그리스도인인 우리는 바람을 잡으려 하지 말고 십자가를 추구해야 한다. 그것이 우리 자신을 존귀하게 하는 길이다. 하지만 그 일마저도 다툼과 허영으로 할 수 있다.

어떤 교인들은 이기심과 허영심으로 겸손과 희생을 가장한다. 섬기는 자로서의 명성을 즐긴다.

따라서 우리는 세례 요한의 말을 기억해야 한다. "그는 흥하여야 하겠고 나는 쇠하여야 하리라"(요 3:30).

십자가를 추구하는 것은 궁극적으로 그리스도를 추구하는 일이다. 바울의 권면은 계속된다.

> 모든 일을 원망과 시비가 없이 하라 이는 너희가 흠이 없고 순전하여 어그러지고 거스르는 세대 가운데서 하나님의 흠 없는 자녀로 세상에서 그들 가운데 빛들로 나타내며 생명의 말씀을 밝혀 나의 달음질이 헛되지 아니하고 수고도 헛되지 아니함으로 그리스도의 날에 내가 자랑할 것이 있게 하려 함이라 만일 너희 믿음의 제물과 섬김 위에 내가 나를 전제로 드릴지라도 나는 기뻐하고 너희 무리와 함께 기뻐하리니 이와 같이 너희도 기뻐하고 나와 함께 기뻐하라(빌 2:14-18).

그는 빌립보 교인들을 자신보다 낫게 여기고 있지 않은가? 그렇다. 빌립보교회의 영적 성장을 위해서라면 그 자신을 기꺼이 희생제물로 바치려 했다. 그 일을 기뻐했다. 왜 그랬을까? 그들의 찬사를 듣기 위해서인가?

그렇지 않다. 그리스도께 영광을 돌리기 위해서였다.

바울은 겸손과 희생으로 그리스도를 추구하는 두 가지 사례를 더 제시한다. 그중 첫 번째는 다음과 같다.

> 내가 디모데를 속히 너희에게 보내기를 주 안에서 바람은 너희의 사정을 앎으로 안위를 받으려 함이니 이는 뜻을 같이하여 너희 사정을 진실히 생각할 자가 이밖에 내게 없음이라 그들이 다 자기 일을 구하고 그리스도 예수의 일을 구하지 아니하되 디모데의 연단을 너희가 아나니 자식이 아버지에게 함같이 나와 함께 복음을 위하여 수고하였느니라 그러므로 내가 내 일이 어떻게 될지를 보아서 곧 이 사람을 보내기를 바라고 나도 속히 가게 될 것을 주 안에서 확신하노라 (빌 2:19-24).

디모데는 빌립보 교인들의 영적 안녕과 성장에 진지한 관심을 지닌 사람이다.

이 본문을 통해 우리는 다음의 사실을 엿볼 수 있다. 둘 다 그리스도의 십자가로 인한다는 것이다. 즉 하나는 바울을 향한 디모데의 깊고 풍성한 사랑이며, 다른 하나는 빌립보교회에 대한 디모데의 깊고 진실한 관심이다. 디모데는 참으로 헌신적인 사람이었다.

다음은 또 다른 사례다.

그러나 에바브로디도를 너희에게 보내는 것이 필요한 줄로 생각하노니 그는 나의 형제요 함께 수고하고 함께 군사 된 자요 너희 사자로 내가 쓸 것을 돕는 자라 그가 너희 무리를 간절히 사모하고 자기가 병든 것을 너희가 들은 줄을 알고 심히 근심한지라 그가 병들어 죽게 되었으나 하나님이 그를 긍휼히 여기셨고 그뿐 아니라 또 나를 긍휼히 여기사 내 근심 위에 근심을 면하게 하셨느니라 그러므로 내가 더욱 급히 그를 보낸 것은 너희로 그를 다시 보고 기뻐하게 하며 내 근심도 덜려 함이니라 이러므로 너희가 주 안에서 모든 기쁨으로 그를 영접하고 또 이와 같은 자들을 존귀히 여기라 그가 그리스도의 일을 위하여 죽기에 이르러도 자기 목숨을 돌보지 아니한 것은 나를 섬기는 너희의 일에 부족함을 채우려 함이니라(빌 2:25-30).

에바브로디도는 바울을 지원하고 빌립보교회의 믿음이 성장하는 것을 자기 목숨보다 소중히 여겼다. 그 이유가 무엇이었을까? 바로 "그리스도의 일을 위하여"다.

디모데처럼 그도 그리스도와의 연합을 통해 그리스도의 마음을 지니고 있었다. 바울이 그랬듯 그들도 목숨을 걸었다. 자신이 궁극적으로 예수님 안에서 절대적으로 안전함을 믿었다. 자신의 봉사와 희생으로 예수님을 높일 수 있다면, 예수님의 목적을 이루게 된다면, 그리고 예수님을 빌립보교회와 온 세상에 전할 수 있다면, 그들은 어떤 대가든 지불할 생각이었다.

진지한 점검

우리는 어떠한가? 우리가 만나는 사람들은 영혼이 있는가?

이 질문이 매우 의아하게 들릴 수 있을 것이다. 구체적인 상황을 예로 들어보자.

그리스도를 믿는 신자로서 우리가 식당에 앉아 있다고 가정하자. 젊은 웨이터가 주문을 받으러 온다. 이때 우리는 그에게 영혼이 있다고 생각하는가? 그를 영적인 존재로 여기는가? 아니면 이러저러한 음식을 빨리 갖다주기만 하면 되는 존재로 여기는가? 그 사람 안에 있는 하나님의 형상을 인식하는가? 이처럼 단순한 상황에서도 그를 격려하고 사랑하며 섬길 수 있는가?

믿음의 공동체 내에서는 어떠한가?

내가 빌리지교회에 처음 부임했을 때 비만 오면 주차장 안쪽이 침수되기 일쑤였다. 10-15센티미터 정도 높이로 물이 고였다. 그럴 때마다 우리 교회의 예배 리더 중 하나인 마이클 블리커는 자신의 차를 그 침수 지점에 주차시켰다. 거기에 주차하면 고인 물을 첨벙첨벙 걸어서 지나가야 했다. 블리커는 기타와 가방을 들고 차에서 내려 10-15센티미터 높이의 물을 걸어 나왔다. 당연히 신발이 물속에 잠겼다. 그가 왜 그렇게 했을까?

빌리지교회는 텍사스 주 댈러스에 있다. 댈러스는 연중 평균 기온과 습도가 매우 높다. 이 교회에서 가장 힘든 일을 꼽으라면 아마도 주차 봉사일 것이다. 주말마다 수천 명이 주차장을 드나든다. 우리

교회에는 젊은이들이 많아서 교인 수에 비해 차량이 많다. 때문에 주차 팀은 무더운 날씨와 씨름할 뿐 아니라 사람들의 역정에도 시달려야 한다. 그들은 무시와 조롱을 당한다. 때로는 험한 말을 듣는다. 비참한 느낌을 받기도 한다. 그러나 우리 교회의 목회자 중 한 분이 주차 팀에서 일한다. 교회에서 그렇게 하도록 요구한 것이 아니다. 그가 그렇게 하는 이유는 무엇일까? 그리스도와 빌리지 교인들을 섬기기 위해서다.

이들은 별로 눈에 띠지 않는 사례들이다. 선교 현장에서 목숨을 걸거나 특정한 사역지에서 그리스도를 위해 일생을 거는 경우에 비하면 쉬워 보이는 일이다. 하지만 신앙인임을 자처하는 우리 모습을 진지하게 돌아보게 한다.

당신은 어떠한가? 신앙공동체에 다가가서 "제가 어떻게 섬길 수 있을까요? 어떻게 헌신할 수 있을까요?"라고 진심으로 말하는가?

교회를 천박한 소비단체로 전락시키지 않도록 우리 마음을 지키며 성령의 도우심을 구해야 한다. 교회에서 카페라떼를 주문하고 푹신한 의자에 앉아 빔 스크린에 비친 성경구절들을 읽을 생각만 해서는 안 된다.

중요한 건 우리 자신의 즐거움이 아니라 하나님의 영광이다. 교회는 그리스도의 형상을 대변하는 존재다. **서로에게, 그리고 세상 사람들에게.**

바울이 빌립보교회에 한 말은 허세 부리는 성향에 대한 경고이자 치유책이다. 우리가 각자의 십자가를 질 때 왜곡되고 악한 세대에서

별처럼 빛날 것이다. 이 책에서 우리는 '성숙'에 대해 말하고 있다. 그러므로 각 챕터를 읽으면서 자기 마음에 집중해야 한다.

본장을 읽으면서 그리스도를 따르는 자인 당신의 영적 성장에 어떤 **'발달지체'**가 있음을 알게 되었는가? 솔직히 내어놓고 회개해야 할 태도나 행동이 있는가?

5. 그리스도인의 목표는 '예수님'이다

•

그러나 무엇이든지 내게 유익하던 것을
내가 그리스도를 위하여 다 해로 여길뿐더러(빌 3:7).

빌립보교회의 세 교인(루디아, 여종, 간수)을 생각해보면 예전의 그들은 하나님께 무관심하거나 심지어 적대적이었던 것 같다. 그러나 하나님은 사도 바울을 통해 그들을 하나님께로 이끄셨고, 그들 자신의 행위가 아니라 십자가 은혜로 의로워지는 길을 제시하셨다.

이 사실에 우리는 어떻게 반응해야 할까? 우리의 모든 허물과 불충까지도 덮어주시는, 그래서 그 앞에 설 수 있게 해주시는 창조주 하나님이 계시다면 이는 역사상 가장 위대한 소식이 아니겠는가!

이 소식에 우리가 어떤 반응을 보여야 할지에 대한 답은 성경과 교회사 속에서 찾아낼 수 있다.

회심한 이후 나는 늘 예수님을 더 가까이하려는 열망으로 가득한 인물들을 생각해왔다. 그들은 성경 속 인물일 수도 있고 교회사에 등장하는 인물일 수도 있다.

성경이 우리에게 꼭 해야 할 일과 해서는 안 될 일을 알려준다는 점에는 동의한다. 그러나 내 관심은 언제나 도덕적 교훈보다 하나님과 더 가까워지는 일에 집중되어 왔다. 이는 시편 63편에서 다윗이 표현한 심경과 같다.

하나님이여 주는 나의 하나님이시라 내가 간절히 주를 찾되 물이 없어

마르고 황폐한 땅에서 내 영혼이 주를 갈망하며 내 육체가 주를 앙모하나이다(시 63:1).

다윗은 "내가 더 선한 사람이 되고 싶습니다."라고 말하지 않았다. 이 시편에는 간절한 열망이 들어 있다. 필사적인 느낌마저 주는 적극적인 자세로 "하나님이여, 저는 주와 가까워져야 합니다."라고 부르짖는다. 이런 심경이 계속 이어진다.

내가 주의 권능과 영광을 보기 위하여 이와 같이 성소에서 주를 바라보았나이다 주의 인자하심이 생명보다 나으므로 내 입술이 주를 찬양할 것이라 이러므로 나의 평생에 주를 송축하며 주의 이름으로 말미암아 나의 손을 들리이다 골수와 기름진 것을 먹음과 같이 나의 영혼이 만족할 것이라 나의 입이 기쁜 입술로 주를 찬송하되(시 63:2-5).

다윗에게 하나님은 멀리 계신 할아버지 같은 분이나 막연한 지적 개념이 아니다. 온 마음을 집중케 하는 분이다.

내가 나의 침상에서 주를 기억하며 새벽에 주의 말씀을 작은 소리로 읊조릴 때에 하오리니 주는 나의 도움이 되셨음이라 내가 주의 날개 그늘에서 즐겁게 부르리이다 나의 영혼이 주를 가까이 따르니 주의 오른손이 나를 붙드시거니와(시 63:6-8).

내가 다윗 왕을 좋아하는 것은 그의 말에 공감하기 때문이다. 시편에서 그는 이런 말을 거듭한다. 시편 42편이 또 다른 예다. 시편의 한 장에서 주의 은혜로우심과 선하심과 아름다우심을 노래한 다윗이 또 다른 장에서는 "하나님이여, 어디 계시나이까? 어찌 나를 버리셨나이까?"라고 부르짖는다. 이런 모습이 깊은 공감을 자아내는 것이다.

존 칼빈이 시편을 가리켜 '인간 영혼의 해부서'라고 지칭한 것도 바로 이 때문이다. 시편은 아래위로 흔들리는 우리 내면, 기쁨과 고통을 포함한 인간의 모든 경험, 그리고 기뻐하는 영혼과 낙심한 영혼 모두를 향하신 하나님의 주권적인 사랑을 보여준다.

현대 복음주의는 대체로 하나님을 향해 온 마음을 다하는 간절한 열정이 부족한 것 같다. 사실 우리가 예배 시간에 얻는 좋은 느낌은 다분히 카타르시스적이다. 예배에 대한 일종의 치유적 접근인 것이다. 하지만 다윗과 같은 성경인물들이 추구한 것은 어떤 경험이 아니라 하나님이다. 시편 42편 1-2절에서 다윗은 "하나님이여 사슴이 시냇물을 찾기에 갈급함같이 내 영혼이 주를 찾기에 갈급하니이다 내 영혼이 하나님 곧 살아 계시는 하나님을 갈망하나니"라고 노래한다. 이 말씀을 우리는 길에서 흔히 볼 수 있는 공예품이나 티셔츠, 혹은 머그컵의 사슴 그림 아래에 덧붙이곤 한다. 그러나 이 구절은 대중화된 상품이나 예쁘장한 장식에 걸맞은 말씀이 아니다. 다윗은 고통 중에 "어찌하여 제가 주를 가까이하지 못하나이까?" 부르짖고 있다. 시편 27편 4절도 그런 내용이다. "내가 여호와께 바라는 한 가지 일 그것을 구하리니 곧 내가 내 평생에 여호와의 집에 살면서 여호와의 아름다움을 바라보며 그의 성전에서 사모하는 그것이라."

오늘날의 교회도 이처럼 절박하게 하나님을 구할까? 모세처럼 "원하건대 주의 영광을 내게 보이소서"(출 33:18)라고 간구할까? 우리의 찬양, 설교, 기도, 책, 블로그, 트위터, 페이스북이 전심으로 하나님을 갈망하는 내용일까? 빌립보서 3장에서 바울은 이 점을 다룬다. 아무것도 여호와에 비길 수 없다. 예수님을 얻는 것에 비하면 다른 모든 것은 쓰레기일 뿐이다.

항상 지는 게임

빌립보서 3장에서 바울은 앞 장에서의 기쁨과 권면을 계속 이어간다. 앞 장은 복음을 위한 겸손한 헌신의 본보기로 디모데와 에바브로디도를 제시하며 마감되었다. 이 서신은 바울이 감옥에서 쓴 것이다. 자신이 석방될지 처형될지 모르는 상황이었다. 그는 빌립보 교인들에게 무엇인가를 경고하려 한다. 단순히 로마제국의 핍박이나 고난에 대한 경고가 아니다.

> 끝으로 나의 형제들아 주 안에서 기뻐하라 너희에게 같은 말을 쓰는 것이 내게는 수고로움이 없고 너희에게는 안전하니라 개들을 삼가고 행악하는 자들을 삼가고 몸을 상해하는 일을 삼가라 하나님의 성령으로 봉사하며 그리스도 예수로 자랑하고 육체를 신뢰하지 아니하는 우리가 곧 할례파라 (빌 3:1-3).

그처럼 긴박한 상황에서도 "별 문제가 아니다." 말하는 바울의 모습이 매우 감동적이다. 그 대신 바울은 "개들"을 삼가라며 빌립보 교인들에게 경고한다.

"개들"은 누구인가? 자신의 행위로 그리스도에 대한 신앙을 자랑하려 드는 자들이다. 그들은 자신이 잘하는 일들을 나열하고 싶어 한다. "지금은 대학 시절처럼 나쁘지 않아. 신혼 때보다 힘들지 않아. 너처럼 나쁜 상황이 아니야."라는 식으로 말하길 좋아한다. 그런 말을 자신의 우월한 영성과 선량함, 굳건한 도덕성을 나타내는 일종의 증거로 제시한다. 사실상 그들은 교만한 마음의 상상 속에서 헤매고 있다.

바울은 그런 믿음을 주의하라고 말한다. 그것은 허망하다. "내가 하는 선한 일에 주목하라"는 교사나 리더들을 주의하라. 그러한 믿음의 허망함을 설명하기 위해 바울은 자기 자신을 저울에 올린다.

> 그러나 나도 육체를 신뢰할 만하며 만일 누구든지 다른 이가 육체를 신뢰할 것이 있는 줄로 생각하면 나는 더욱 그러하리니 나는 팔일 만에 할례를 받고 이스라엘 족속이요 베냐민 지파요 히브리인 중의 히브리인이요 율법으로는 바리새인이요 열심으로는 교회를 박해하고 율법의 의로는 흠이 없는 자라(빌 3:4-6).

당신이 자랑할 이유가 있다고 생각하는가? 내게는 더 많다. 나는 주일학교를 빠진 적이 없다. 주일예배를 빠진 적이 없다. 날마다 성경을 읽는다. 신약성경을 암기해왔다. 이웃과 더불어 복음을 나눠왔다. 심한 욕설을 해본 적이 없다. 세속 음악에 귀 기울이지 않는다. 19금 영화를 본 적이 없다.

"개들"은 자신의 행위에 초점을 맞춘다. 자신이 행한 것이나 성취한 일을 자랑한다.

그러나 바울은 이렇게 말한다. "그래서 어떻다는 거죠? 나 역시 그랬죠. 엄밀히 말하자면, 내가 당신보다 훨씬 나아요."

"그러나 무엇이든지 내게 유익하던 것을 내가 그리스도를 위하여 다 해로 여길뿐더러"(빌 3:7).

자아개선 노력을 통해 얻은 유익은 하나님의 은혜와 거리가 멀다. 그런 것들로는 예수님의 완벽함 근처에도 이르지 못한다. "내가 더 낫다"는 식의 게임은 그리스도의 의의 천상에 닿기 위해 도덕주의 바벨탑을 쌓는 것과 같다. 그것은 쓸모없는 짓이며, 결국 재앙과 혼란을 초래할 뿐이다. 질 수밖에 없는 게임이다.

물론 주일예배를 한 번도 빠지지 않은 건 귀한 일이다. 자신의 행실에 주의하는 것도 좋은 일이다. 하지만 그렇게 하는 것이 자기 의에 이르는 방편이나 평가 기준이 될 수는 없다. 그것만으로는 언제나 부족하다.

여기서 바울은 어떤 대가를 치르더라도 그리스도를 좇아갈 것을 가르친다. 우리가 온갖 유익한 것들을 지니고 도덕적으로 우월할지라도 예수님과 함께하고 있지 않다면 모든 것을 상실한 셈이다. 실제로 얻는 것은 허망함뿐이다. 겉으로 아무리 근사해 보이고 근사하게 행동할지라도 예수님을 알지 못한다면 무슨 의미가 있겠는가?

오직 그리스도 안에서 발견되는 것

그래서 바울은 "무엇이든지 내게 유익하던 것을 내가 그리스도를 위하여 다 해로" 여긴다고 말한다. 예수께 있는 무한한 유익에 비하면 다른 **모든 것**을 포기하거나 잃어버려도 좋다고 한다.

> 또한 모든 것을 해로 여김은 내 주 그리스도 예수를 아는 지식이 가장 고상하기 때문이라 내가 그를 위하여 모든 것을 잃어버리고 배설물로 여김은 그리스도를 얻고 그 안에서 발견되려 함이니 내가 가진 의는 율법에서 난 것이 아니요 오직 그리스도를 믿음으로 말미암은 것이니 곧 믿음으로 하나님께로부터 난 의라 내가 그리스도와 그 부활의 권능과 그 고난에 참여함을 알고자 하여 그의 죽으심을 본받아 어떻게 해서든지 죽은 자 가운데서 부활에 이르려 하노니 (빌 3:8-11).

바울은 "배설물"이라는 단어를 사용한다. 이것은 "쓰레기"나 "똥"으로도 번역될 수 있다. 이처럼 극단적인 표현만이 예수님 안에 있는 것의 탁월함을 미약하게나마 드러낼 수 있다. 즉 예수님 없이는 우리의 가장 좋은 것도 배설물 더미에 지나지 않는다.

그러므로 의를 추구한다면 예수님을 추구해야 한다. 선하게 보이거나 더 선해지는 것을 목표로 삼지 말라. 목표는 '예수님'이다.

왜 우리가 예수님을 열심히 좇아가야 할까? 그분을 알기 위해서다. 그리스도는 무한하시므로 우리가 아무리 그분을 알고자 해도 여전히 부족하다. 우리가 170년을 산다 해도 그분을 온전히 이해하지 못할 것이다. 따라서 바울은 "율법주의자 때문에 길을 잃지 말고, 부차적인 대상에 몰두하지 말라"고 당부한다.

그리스도를 알자!

간절한 열망으로 예수님을 추구한 사람은 성경뿐 아니라 기독교 역사 전반에 걸쳐 발견할 수 있다. 현재 우리가 출석하는 교회에도 그런 사람들이 있을 수 있다.

『고백록』에서 아우구스티누스는 이렇게 말한다.

그토록 오랫동안 제 자유의지는 어디 있었나이까? 예수 그리스도, 나의 조력자, 나의 구속주시여, 주의 쉬운 멍에에 내 목을 대고 주의 가벼운 짐에 내 어깨를 대는 순간, 내 자유의지가 깊은 은신처에서 갑자기 모습을 드러내었나이다. 그 허망한 것들로부터 벗어나는 것이 참으로 멋진 일임을 갑자기 알게 되었나이다. 예전에 잃을까봐 그토록 두려워하던 것을 이제 즐거이 포기하나이다. 오, 진실하며 지고하신 주여, 주께서 그것들을 제게서 멀리 내던지시고, 모든 즐거움보다 큰 기쁨이신 주님으로 채우셨나이다.[4]

---

[4] 아우구스티누스, *Confessions*, 제2판, F. J. Sheed 역, Michael P. Foley 편저(Indianapolis: Hackett, 2006), 163쪽.

아우구스티누스의 말에서 성경적 갈망을 엿볼 수 있지 않은가?

그는 다른 어떤 즐거움보다 감미롭고, 다른 어떤 기쁨보다 큰 기쁨이신 하나님을 발견했다. 섹스 같은 육욕을 추구하던 마음이 하나님을 추구하는 열정으로 변화되었다. 하나님의 은혜를 힘입어 열정적으로 그리스도를 좇아가기 시작했다.

다른 기독교 저자들에게서도 비슷한 심경을 읽을 수 있다.

"제 입과 마음을 주께 바치기 원합니다. … 저를 버리지 마소서. 제 힘으로 행하면 쉽게 무너지기 때문입니다."_마르틴 루터[5]

"주님을 의지하며 갈망하는 것은 새 삶의 필수 요소이며 가장 큰 기쁨입니다."_찰스 스펄전[6]

"나는 이것을 위해 살고, 이것을 위해 죽기 원합니다. 내 생각과 감정을 여기에 집중하려 합니다. 이 세상의 모든 가식적인 아름다움은 시들기 마련이므로, 그 모든 것을 십자가에 못 박고 오직 주의 영광에 관심을 집중하길 원합니다."_존 오웬, 그리스도의 영광을 바라보며[7]

『하나님의 임재 연습』(The Practice of the Presence of God)이라는 책에서 로렌스는 그리스도를 추구하는 삶을 묘사하면서 매우 이해하기 힘든

---

[5] 마르틴 루터, James Kellerman 역, *Dr. Martin Luthers Werke*(Weimar: Hermann Boehlaus Nachfolger, 1909), 513쪽.

[6] 찰스 스펄전, *The Works of Charles Spurgeon*, "Octobor 15"(MobileReference, 2010).

[7] 존 오웬, "The Explication of the Text: John 17:24," *The Works of John Owen*, 제1권, William H. Goold 편저(Edinburgh: T. & T. Clark, 1862), 291쪽.

표현을 사용한다. "몹시 매혹적이고 즐거워서 언급하기조차 조심스러운 내면의 움직임이 생각난다."[8]

지금까지 신학 교육을 받아왔지만 나는 아직도 이 표현의 의미를 명확히 이해할 수 없다. 다만 그 느낌은 알 수 있다. 여기에는 조바심과 갈망이 있다. 루돌프 오토가 말한 **'전율의 신비'**(mysterium tremendum) 개념이 있다. 이는 전적 타자(他者)로서 우리에게 전적으로 낯선 분이시지만 우리를 매혹시키고 변화시키고 자극하며, 또한 우리를 영적으로 감미로운 혼란에 빠지게도 하시는 하나님에 대한 경험을 가리키는 개념이다.

이처럼 격렬하게 하나님을 갈망하는 것은 사람뿐이 아니다. 자연 만물 역시 그렇게 하고 있다.

> 피조물이 고대하는 바는 하나님의 아들들이 나타나는 것이니 피조물이 허무한 데 굴복하는 것은 자기 뜻이 아니요 오직 굴복하게 하시는 이로 말미암음이라 그 바라는 것은 피조물도 썩어짐의 종노릇한 데서 해방되어 하나님의 자녀들의 영광의 자유에 이르는 것이니라 피조물이 다 이제까지 함께 탄식하며 함께 고통을 겪고 있는 것을 우리가 아느니라 (롬 8:19-22).

짓눌려 허무한 데 굴복하는 피조물마저 하나님의 아들들에게 주어

---

[8] 로렌스 형제, *The Practice of the Presence of God*(Grand Rapids, MI: Spire Books, 1967), 37쪽.

지는 자유, 즉 썩어짐과 죄의 무게와 저주에서 벗어나는 즐거움에 동참하기를 바라고 있다. 이제 우리는 왜 늑대가 울부짖는지, 왜 고래가 신음소리를 내는지 안다. 왜 나무들이 삐걱대는지 안다. 그들도 우리처럼 신음하고 있다. 피조물 안에는 허무한 데 굴복하기 전의 모습이 어떠했는지를 기억하는 그 무엇이 있다. 또한 피조물은 하나님의 자녀들을 바라보고 있으며, 바위와 나무들마저 자유에 이르게 하실 분을 기다리고 있다.

피조물이 신음하는 이유는 무엇일까? 그것은 우리가 신음하는 이유와 같다. 피조물은 그리스도께서 재림하여 마침내 영원한 심판을 행하시고 만물을 회복하시며, 온 땅에 그분의 주권적인 통치를 세워 만물을 완성하실 날을 고대한다. 그리고 우리처럼(그리고 우리 때문에) 그리스도 안에서 발견되기를 갈망하고 있다.

바울은 "내가 그를 위하여 모든 것을 잃어버리고 배설물로 여김은 그리스도를 얻고 그 안에서 발견되려 함이니"(빌 3:8-9)라고 말한다. 예수님을 알고 그분과 함께하며, 또한 그분을 닮아가는 기쁨을 위해서라면 모든 핍박과 시련, 고통, 자아에 대한 죽음도 감수할 만하다.

여호와를 기뻐하는 것이 바울의 힘이었다. 때문에 바울은 빌립보서 2장 끝에서 모범적인 헌신 사례들을 제시한 후에 빌립보서 3장을 "끝으로 … 기뻐하라"는 당부로 시작한다.

지금 우리가 기쁨으로 복음을 받아들인다면 마지막 날에도 영원한 기쁨을 누릴 것이다. 우리가 오직 그리스도 안에서 발견되기만을 갈망한다면 그러할 것이다.

자아 죽이기

앞에서 우리는 열정적으로 주님을 추구하는 성경 속 인물들을 살펴보았다. 예수님을 아는 지식을 다른 모든 것보다 우선시하는 교회사적 인물들을 살펴보았다. 또한 피조물마저 구속을 기다리며 신음하고 있음을 알게 되었다.

그런데 우리는 왜 그렇게 하지 않을까? 우리는 왜 그토록 쉽게 만족해버릴까? 영혼의 깊은 갈망과 격렬한 조바심이 왜 그토록 특이한 사례로 보일까?

로마서 8장은 피조물뿐 아니라 우리 자신도 이렇게 신음한다고 말한다. 하지만 나 자신은 별로 신음하지 않는 것 같다. 나는 주님과의 관계나 나의 영적 상태에 매우 쉽게 만족한다. 왜 우리는 다윗처럼 간절히 주님을 갈망하지 않는 걸까? 다음과 같은 구절을 그다지 신경 쓰지 않는 이들이 많은 이유는 무엇일까?

나더러 주여 주여 하는 자마다 다 천국에 다 들어갈 것이 아니요 다만 하늘에 계신 내 아버지의 뜻대로 행하는 자라야 들어가리라 그날에 많은 사람이 나더러 이르되 주여 주여 우리가 주의 이름으로 선지자 노릇 하며 주의 이름으로 귀신을 쫓아내며 주의 이름으로 많은 권능을 행하지 아니하였나이까 하리니 그때에 내가 그들에게 밝히 말하되 내가 너희를 도무지 알지 못하니 불법을 행하는 자들아 내게서 떠나가라 하리라(마 7:21-23).

왜 우리는 이런 본문을 두려워하지 않을까?

우리는 종종 자신의 믿음을 오해하고 회심만 중시한다. 회심 이후의 일에 대해서는 별로 기대를 하지 않는다. 그래서 바울은 빌립보서 2장 12절에서 각자 두렵고 떨림으로 구원을 이루어야 한다고 말한다. 복음이 우리 마음과 삶의 깊은 곳까지 지배하려면 자아에 대해 죽는 노력을 거듭해야 한다.

물론 십자가를 지는 것은 두렵고 떨리는 일이다. 하지만 주님은 우리가 그렇게 해야 한다고 말씀하신다. 그래서 바울도 그렇게 주장한다. 우리가 회심했다고 해서 주님 의지하는 일을 멈출 순 없다. 주님을 의지하고 믿음으로 행하며 날마다 십자가를 지기 위해 계속 노력해야 한다. 이 일을 위해서는 어떤 고난도 받을 만하며, 하나님이 우리 안에서 친히 역사하신다. 바울은 그리스도의 고난에 참여하고 그의 죽으심을 본받기 위해(빌 3:10) 날마다 두렵고 떨리는 마음으로 자아를 부인해야 한다고 말한다. 그는 멀리 내다본다. 날마다 그리스도의 고난에 동참하면 결국 그리스도의 부활에도 동참할 것을 알고 있다(빌 3:11).

주님을 영접한 후, 종종 하나님의 은혜를 사랑하는 마음이 그분을 기쁘시게 해야 한다는 의무감으로 변하는 경우가 있다. 감사로 시작하지만 나중에는 빚을 갚아야 한다는 식의 강박관념에 쉽게 빠져든다. 마치 주의 은혜를 돈으로 산 것처럼 생각한다. 자기구원 프로젝트로 속히 전환한다.

그러므로 우리는 자신의 선행을 진지하게 생각해보아야 한다. 혹은 이렇게 자문할 필요가 있다. '나를 예수께로 향하게 하는 것은 무엇인가? 무엇이 나로 하여금 예수 그리스도를 갈망하게 하는가?'

복음을 향해 매진하는 삶

그분을 알고 사랑하며 경배하는 마음을 불러일으키는 것은 사람마다 다양할 것이다. 누군가에게는 그것이 성경구절일 수 있다. 하나님이 성경을 통해 우리에게 말씀하시기 때문이다. 하나님께서 누군가에게는 기도나 찬양, 예배라는 방편을 사용하실 수도 있다.

이해를 돕기 위해 예수 그리스도를 향한 나의 열정을 불러일으킨 것 몇 가지를 소개하려 한다.

그리스도를 좇으려는 기이한 감정을 처음 느낀 것은 한 대학 동료 부친의 장례식장에서다. 참전용사였던 고인은 21발의 조총 경례를 받았다. 정말 멋진 장례식이었다.

그곳에서 나는 묘지를 거닐다가 25세에 죽은 한 병사의 묘석을 발견했다. 당시 내 나이가 25세쯤이었기에 그 묘지 옆에 앉아 이런저런 생각을 했다. '죽음을 맞을 당시 그에게는 아내가 있었을까? 그의 소망은 무엇이었을까? 노인이 된 자신의 모습을 그려보았을까?'

그 순간 나 자신도 언젠가 죽는다는 생각이 들었다. 이생을 마감하면 하나님 앞에 서서 내 삶을 정산할 것이다. 그리스도를 향한 마음이 더욱 간절해진 것이 바로 그 묘지 옆에서였다.

또한 나는 이른 아침을 좋아한다. 댈러스에서는 7월의 아침도 제법

쌀쌀하다. 그리고 조용하다. 이른 아침 커피머신으로 내린 커피향이 은은하게 집 안 가득 퍼진다. 5시 30분의 커피 냄새는 예수님의 사랑을 더 깊게 해준다. 그래서 나는 종종 아침 일찍 일어나 커피를 내리고 성경책을 편다. 고인의 책(고전)을 펴기도 한다(요즘 나온 책들 중에 탁월한 것이 없어서가 아니다). 에드워즈, 루터, 종교개혁자, 그리고 청교도가 복음 안에서 기뻐하는 글들은 나에게 깊은 감명을 준다. 이른 아침의 이 같은 상황이 나에게는 완벽한 예배 분위기를 조성해준다.

서사 영화도 내게 감명을 준다. 나는 모든 위대한 주제와 신나는 음악을 동반하는 웅장한 장면을 좋아한다.

이러한 것들은 예수님을 향한 열정을 불러일으키는 몇몇 사례에 해당한다.

그러나 예수님과 복음에 대한 열정을 불러일으키는 것이 있다면 그 열정을 앗아가는 것도 있을 것이다. 회심한 지 오래되지 않은 이들 대부분은 이른바 '큰 문제' 때문에 흔들리는 것이 아니다. 예를 들어 주차장에서 어떤 사내가 다가와 "혹시 블랙 타르 헤로인 필요해요?"라고 말한다면 나는 그 말에 유혹을 받지 않는다. 그처럼 '큰 죄악'에는 오히려 강한 거부감을 느끼기 때문이다.

예수 그리스도를 향한 내 열정을 앗아가기에는 도덕적으로 어정쩡한 유혹의 힘이 더 세다. 죄 같지도 않은 사소한 것에 빠져들 때에는 나 자신을 쉽게 정당화할 수 있다. 그것은 솔로몬이 말한 "작은 여우들"로, 하나님께 예배하는 내 마음의 포도원을 쉽게 뚫고 들어온다.

일례로 나는 스포츠에 너무 몰두하지 않으려 한다. 거기에 지나치게 신경 쓰고 싶지 않기 때문이다. 20대 초반의 젊은이와 공을 다투느라 감정이 격해지는 건 멍청한 짓이다. 20대 젊은이들과의 경기에서 졌다고 하루를 망친다면 우둔한 노릇 아니겠는가.

또한 나는 텔레비전을 너무 많이 보지 않으려 한다. 그렇다고 해서 텔레비전을 아예 거부하진 않는다. 텔레비전에서 유익한 것들을 건질 수도 있다. 하지만 텔레비전을 너무 많이 보면 거룩한 것들로부터 멀어진다. 자신도 모르는 사이에 악한 것들을 보며 낄낄댄다. 그래서 텔레비전 시청에 주의한다.

그리고 아침에 너무 늦게 일어나지 않도록 주의한다. 늦게 일어나면 하나님께 집중하지 못하고 허겁지겁 하루를 시작한다. 이런 것들이 그리스도를 향한 내 열정을 앗아간다.

그렇다면 당신을 움직이는 것은 무엇인가? 당신의 신앙 열정을 시들게 하는 것은 무엇인가?

우리가 인간적인 자기 계발이 아니라 예수 그리스도를 추구한다면 율법주의가 아니라 복음을 향해 매진하는 삶을 살 수 있을 것이다. 우리의 영적 생활에 도움이 되거나 방해가 되는 것을 다른 사람들에게 말할 때 율법주의적인 느낌을 주지 않도록 조심해야 한다. 경건한 사람이 되려면 텔레비전을 보지 말고 아침 일찍 일어나야 한다는 식으로 말할 경우, 자칫 그리스도보다는 자신의 행동을 내세우는 듯한 인상을 주게 된다. 이런 영광은 바울이 배설물로 여기던 것이다. 결코 예배 자체를 숭배해서는 안 된다.

내 친구 블리커는 나 같지 않다. 그는 새벽 5시 30분에 일어나지도,

에드워즈를 읽지도 않는다. 내 방식을 그에게 기대하는 건 부당하다. 대신 그는 아침에 일어나서 기타를 치며 하나님을 찬양한다. 이처럼 하나님을 추구하는 방식은 사람마다 다르다.

그리스도께 집중하려면 (종교적인 것이든 그 밖의 것이든) 우리 마음을 그분에게서 딴 데로 돌리게 하는 케케묵은 생각을 제거해야 한다. 히브리서 기자는 "모든 무거운 것과 얽매이기 쉬운 죄를" 벗어버리라고 말한다(히 12:1). 그렇게 할 때 우리는 예수님께 훨씬 효과적으로 매진할 수 있다.

예수님은 우리를 얽매는 끈들을 끊으셨다. 우리에게 자유와 생명을 주셨다. 우리를 강하게 하는 성령을 주셨다. 그러므로 달려 나가자! 힘과 활력과 열정을 다하여 오직 그분만 좇아가자.

왜 그렇게 해야 할까? 예수님을 알기 위해서다. 그를 향한 열정을 불러일으키는 것이 무엇인가? 그 열정을 당신에게서 앗아가는 것은 무엇인가? 이 물음에 진지하게 답할 수 있어야 한다.

6.
하나님의 은혜는
넘치도록
풍성하다

●

내가 그리스도 예수께 잡힌 바 된
그것을 잡으려고 달려가노라(빌 3:12).

내게는 어린 딸이 둘 있는데 그들을 생각하면 벌써부터 걱정이 앞선다.

오늘날 우리 문화권에서 여자로 사는 건 쉽지 않아 보인다. 모든 것이 외적인 아름다움에 치중되어 있다. 게다가 대중매체들은 우리의 어린 여자아이들에게 터무니없는 정보를 끊임없이 제공한다. 모든 로맨스 영화와 책, 잡지, 그리고 대부분의 남자 연인들은 이런 식으로 말한다.

"당신과 함께 있을 때의 감정으로 당신을 사랑합니다."

(그 감정이 사라지면 어떻게 될까?)

"당신이 나를 이런 식으로 대해 줘서 당신을 사랑합니다."

(만일 그렇게 대해주지 않는 경우에는 어떻게 될까? 사랑이 사라져버리는가?)

"우리는 전혀 싸우지 않기 때문에 당신을 사랑합니다."

(그렇다면 둘은 그다지 가까운 사이가 아니거나… 누군가 거짓말을 하고 있다)

사랑이란 무엇일까?

나는 기회가 있을 때마다 딸들에게 사랑의 진실을 알려주려고 노력한다.

어느 날 밤 잠자리에 들기 전, 나는 딸 오드리에게 아주 많이 사랑한다고 말해주었다. 그 순간 '내가 왜 사랑하는지 딸이 과연 알고 있을까?' 하는 생각이 들었다.

나는 딸에게 사랑한다는 말을 엄청 많이 해왔다. 그럴 때면 아이는 나를 돌아보며 "나도 사랑해."라고 말한다. 그래서 그날 밤에는 이렇게 물었다. "아빠가 왜 너를 사랑하는지 아니?"

아이는 당황했다. 아이의 머릿속에 무슨 생각이 스쳐갔는지 짐작할 수 있었다. '아빠랑 재미있게 같이 놀기 때문에? 내가 오늘 칭찬받을 행동을 했기 때문에? 아빠랑 같이 책을 읽었기 때문에?'

딸은 자신의 생각을 구체적으로 표현하지 못했지만 나는 아이의 마음을 읽을 수 있었다. 사랑스런 눈으로 나를 물끄러미 쳐다보던 아이의 작은 얼굴을 결코 잊지 못할 것이다. 나는 딸에게 말했다.

"아빠가 널 사랑하는 건 네가 아빠 딸이기 때문이야. 하나님이 너를 아빠에게 주셨지."

누군가가 당신을 사랑하는 것이 당신의 행위 때문이 아니라는 사실은 얼마나 근사한가!

하나님의 사랑이 그러하다.

부서진 자를 위한 은혜

나는 심각한 문제를 지닌 가정에서 자랐다. 때문에 내게 베푸신 하나님의 은혜가 더욱 소중했다. 그런 성장 배경 때문에 내 마음과 생각 속에는 매우 심각한 문제들이 자리 잡았다. 하나는 분노고, 다른 하나는 육욕이었다. 뿌리 깊게 세습된 이 문제들과 끊임없이 씨름해야 했다.

그러다가 그리스도를 알게 되었다. 나는 그 악한 것들을 주께서 제거해주실 것을 기대했다. 설교 시간에 나는 분명히 그런 메시지를 들었다. 교인들을 둘러보니 다들 그런 문제를 해결한 것처럼 보였다.

그리스도께서 나를 강력히 구원해주셨고 내 마음을 어루만지셨다. 나는 그분을 아주 많이 사랑했다.

그러나 회심한 얼마 후 내게 여전히 분노와 육욕이 남아있음을 깨달았다. 그것들은 나를 떠나지 않았다.

오래도록 내게 혼란과 상처를 준 것, 심지어 교회에 대한 관심을 잃게 만든 것이 있었다. 그것은 바로 칭의 때 성화도 함께 이루어진다는 가르침이었다.

나는 구원을 받으면 내 괴로운 싸움도 끝날 거라고 생각했다. 나를 괴롭혀온 문제들이 제거되지 않으면 사실상 그리스도 안에서 거듭난 것이 아니라는 생각이 들었다.

하지만 그것은 사실이 아니다.

빌립보서 3장 12절에 기록된 바울의 말을 생각해보라. "내가 이미 얻었다 함도 아니요 온전히 이루었다 함도 아니라. 오직 내가 그리스도 예수께 잡힌 바 된 그것을 잡으려고 달려가노라."

왜 바울은 열정적으로 예수님을 좇아갔을까? 왜 우리는 회심 후에도 계속 그분을 좇아가야 할까?

우리가 부서진 사람들이기 때문이다.

"내가 이미 얻었다 함도 아니요"라는 바울의 말은 큰 도움이 된다. "온전히 이루었다 함도 아니요"라는 말도 위안을 준다.

그는 자신이 여전히 투쟁 중이고, 자라야 하며, 예수님을 따르려는 노력을 계속해야 한다고 했다. 그래서 "내가 그것을 잡으려고 달려가노라." 말했다.

죄에 대항하는 당신의 투쟁과 관련하여 이 구절을 생각해보라. 자신을 괴롭히는 특정한 죄악이 무엇이든, 이 구절은 올바른 투쟁 방법과 그릇된 방법이 있음을 알려준다.

그릇된 투쟁 방법은 이런 식이다. '내가 컨트롤하고, 내가 처리하겠다.' 반면 올바른 방법은 이런 식이다. **'예수께 몰입하자. 계속 그분께 몰입하자.'**

고린도후서 3장 18절에서 바울은 우리가 예수님을 바라봄으로써 점차 그분의 형상으로 변화된다고 했다. 다음과 같은 유명한 찬송가가 있다.

네 눈을 주님께 돌려
주의 놀라운 얼굴을 온전히 바라보라.
주님의 영광과 은혜의 빛 안에서
세상의 모든 근심은 점점 빛을 잃어가리.[9]

---

[9] Helen Howarth Lemmel, "The Heavenly Vision," 1922. 공공 영역.

우리는 그리스도를 계속 좇아야 한다. 그럴 때 그리스도의 능력이 우리의 삶을 속박하는 것들을 더 많이 부서뜨릴 것이다. 단순한 행동 교정만으로는 그런 일이 일어나지 않는다.

그렇다면 어떻게 죄를 물리칠 수 있을까?

예수께 집중하고, 그분을 알며, 또한 그를 좇아가는 것으로만 가능하다.

그분 안에는 "은혜 위에 은혜"가 있다. 아무리 많이 써도 고갈되지 않는 풍성한 은혜다.

우리 부서진 자들이 믿음으로 그리스도께 나아가면 무한한 은혜를 공급받을 것이다. 우리가 무엇보다 그리스도를 좇아야 하는 것이 이 때문이다.

그의 은혜는 넘치도록 풍성하다.

또한 그는 우리의 투쟁을 아신다. 우리가 부서진 존재임을 알고 계신다. 여전히 죄악에 얽혀 씨름하고 있는 우리의 모습을 아신다. 우리의 연약함과 우리에게 닥치는 시험을 공감하신다. 따라서 그것들을 부인하거나 감추려는 시도는 무의미하다. 그리스도의 은혜 안에 있는 자는 자신이 투쟁하는 모습을 사람들 앞에 솔직하게 보이는 것을 개의치 않는다.

그리스도의 은혜 안에는 솔직하고 투명하게 행하는 자유가 있다. 그래서 치유와 용서의 유일한 근원이신 주님을 다른 이들에게도 소개한다. 그 근원은 우리의 자기 계발 프로젝트가 아니라 십자가에서 완수하신 그리스도의 사역이다.

창세전에 택하신 은혜

내 부친은 직업군인이셨다. 그래서 어릴 때 이사를 많이 다녔다. 캘리포니아 주의 베이에어리어를 거쳐 텍사스까지 이르는 이사 여정이었다.

고등학교 시절 제프라는 친구가 나와 몇몇 친구에게 복음을 전하기 시작했다. 아이들이 모인 자리에서 제프는 날마다 자기의 신앙에 대해 이야기했다.

우리 대부분은 그런 이야기에 익숙했다. 창조주 하나님이 계시고 우리가 그분께 죄를 범했다는 것은 여러 차례 들어온 내용이다. 하나님이 아들을 보내어 우리를 위해 죽게 하셨다는 내용도 마찬가지였다. 예수께서 살아나셨고, 그래서 우리도 죽으면 천국에 갈 수 있다는 얘기도 들었다. 하지만 그것은 단지 지적으로나 문화적으로 친숙한 내용일 뿐이었다.

기초적인 지식이 있었지만 나는 약 1년 동안 제프에게 많은 질문을 했다. 그리고 그와 함께 교회에 갔다.

솔직히 교회에는 얼빠진 사람들만 모인 것 같았다. 1980년대 말과 1990년대 초의 청소년 사역을 통해 그리스도께 나아온 자들은 극히 드물었다. 교회 역사상 가장 초라한 기간이었을 거라는 생각이 든다.

당시 청소년 모임에 참석하면 "내 마음속에 기쁨 있네. 내 마음 깊고 깊은 곳에…"와 같은 내용의 찬양을 불렀다. 누군가가 "기쁨을 써 보세요." 하면 모두 '기쁨'이라는 글자를 몸으로 썼다.

그런 분위기에서 예수님과 진지한 관계를 모색할 수 있었겠는가? 거기에는 아직 구원받지 못한 고등학생이 호감을 가질 만한 것이 전혀 없었다. 그럼에도 불구하고 어쨌든 나는 그런 곳에 갔고, 복음에 귀 기울였다.

나에게는 회심하기 전에 답을 듣고 싶은 질문이 매우 많았고, 그중 일부에 대해서는 궁금증이 풀렸다. 그런 상태로 계속 복음 설교를 들었다. 그리고 그 한심한 청소년 모임을 경험한 이후, 어느 날 갑자기 그 많은 의문에 답을 찾지 못해도 상관없다는 생각이 들었다.

지금도 나에게는 질문하고 싶은 것들이 있고, 그중에는 고등학교 시절에 품었던 것도 있다.

그러나 내가 그리스도의 피로 말미암아 그리스도의 복음에 사로잡힌 순간, 그분이 내 마음과 생각을 여시고 나를 구원하셨다. 우주의 주권자이신 하나님이 "너는 내 것이라"고 말씀하셨다. 하나님을 믿기 위해 내가 고안해낸 모든 전제조건과 무관하게, 하나님 아버지께서 내 안에 그분의 성령을 두셨다. "내가 너를 사랑하는 건 네가 내 것이기 때문"이라고 말씀하셨다.

다음 본문은 이 개념을 웅장한 스케일로 표현하고 있다.

> 찬송하리로다 하나님 곧 우리 주 예수 그리스도의 아버지께서 그리스도 안에서 하늘에 속한 모든 신령한 복을 우리에게 주시되 곧 창세전에 그리스도 안에서 우리를 택하사 우리로 사랑 안에서 그 앞에 거룩하고 흠이 없게 하시려고(엡 1:3-4).

나는 교회 다닌 지 오래될수록 이 진리를 믿기가 더 힘들어진다는 것을 알게 되었다.

오랫동안 교회에 다니고 오래도록 이른바 '그리스도인다운' 선한 행실을 해온 사람들 중에는 그런 노력을 하기 전에 이미 택함받고 흠 없는 자가 되었다는 개념을 싫어하는 사람들이 있다. 우리는 자신의 거룩이 힘든 영적 노력의 결과라고 생각하는 경향이 있다. 지식적으로는 **'솔라 그라티아'**(Sola Gratia, 오직 은혜) 교리에 동의하면서도 자신의 행위로 구원받은 것처럼 행동하는 경향이 있다. 그러나 성경은 그렇게 가르치지 않는다.

> 곧 창세전에 그리스도 안에서 우리를 택하사 우리로 사랑 안에서 그 앞에 거룩하고 흠이 없게 하시려고 그 기쁘신 뜻대로 우리를 예정하사 예수 그리스도로 말미암아 자기의 아들들이 되게 하셨으니(엡 1:4-5).

당신이 어두운 과거를 지녔거나 현재에도 죄악과 씨름하고 있기 때문에 예수님을 좇아갈 수도 없고 그분과 동행할 수도 없다고 생각한다면, 에베소서의 이 본문이 당신을 거짓말쟁이로 규정할 것이다. 이 본문은 그런 생각을 모조리 반박한다. 하나님이 추악한 인생을 구원하여 그분의 영광스러운 은혜를 찬미케 하셨음을 분명히 밝히기 때문이다.

그것은 하나님이 수금 타는 어린 목동 다윗에게 "너는 내 것"이라고 말씀하신 데서 엿볼 수 있는 것과 같은 은혜다. 하나님은 살인자이자 간음자인 다윗에게 "너는 내 것"이라고 말씀하셨다. 무자격자이자 말더듬이인 모세에게도 "너는 내 것"이라고 하셨다. 살인자 바울에게도 "너는 내 것"이라 하셨다.

때문에 바울은 다음과 같이 고백했다. "창세전에 약속되고 전적인 은혜로 주어진 이 의에 비하면 저의 최선의 노력도 쓰레기에 불과합니다"(의역, 빌 3:8).

과거의 우여곡절 없는 소위 '흠 없는 사람'이 성경에서 크게 쓰임받은 경우가 극히 드문 이유는 무엇일까? 성경에서 주로 알려주는 것은 인간의 정결함이 아니라 하나님의 은혜이기 때문이다.

우주의 거룩하신 하나님이 죄인들을 가리켜 "내 것"이라 하시고 사랑으로 붙드신다는 것은 참으로 놀라운 사실이다. 계속해서 바울은 "우리는 그리스도 안에서 그의 은혜의 풍성함을 따라 그의 피로 말미암아 속량 곧 죄사함을 받았느니라"(엡 1:7)고 말한다.

끝까지 붙드시는 은혜

우리는 무엇으로 구속받았는가? 우리의 노력으로? 아니다. 그리스도의 피로 구원받았다. 그렇다면 우리가 죄를 용서받은 것은 무엇 때문인가? 우리의 도덕적 공적? 그렇지 않다. 그분의 풍성한 은혜 덕분이다.

그분의 은혜는 매우 풍성하다! 심지어 내가 하나님을 멀리하려 할 때도 그분의 은혜는 나를 떠나지 않는다. 이는 불가해한 수수께끼다.

우리가 기쁨과 만족과 평안을 원한다면 예수님 외에 다른 대안을 찾을 수 없다.

요한복음 6장에서 많은 사람이 예수님을 떠난 후에 예수님께서 제자들에게 "너희도 가려느냐?" 하고 물으셨다. 그 전까지 제자들은 번번이 오판을 거듭했지만 그 순간에는 지혜롭게 대답했다.

"우리가 누구에게로 가오리이까!"

우리가 다른 곳으로 향한다면 그것은 재앙일 뿐이다. 예수님 이외의 해답은 결코 해답이 아니다. 심지어 우리가 그릇된 방향으로 달릴 때에도 그분의 은혜가 우리를 따라잡는다. 때로는 은혜가 큰 물고기에게 삼켜지는 것처럼 보이지만, 우리가 하나님의 주권적인 사랑을 벗어날 수 없다는 사실은 참으로 큰 기쁨이다. 그분의 은혜가 끝까지 우리를 붙든다.

그런데도 우리가 그리스도를 갈망하지 않는 이유는 무엇일까? 우리는 왜 그리스도를 열정적으로 좇아가지 않을까?

내 생각에는 우리가 우리 자신의 영적 능력에 따라 살아가려 하기 때문이다.

빌립보서 3장 12절에서 바울은 "내가 이미 얻었다 함도 아니요"라고 말한다. 이에 대해 우리는 '어쩌면 내가 바울보다 더 많이 알 수도 있어. 그는 충분한 노력을 기울이지 않았던 게 분명해. 110퍼센트의 노력을 하지 않았을 거야.'라고 생각한다.

하지만 바울은 그런 생각을 어리석게 여긴다. "너희가 이같이 어리석으냐 성령으로 시작하였다가 이제는 육체로 마치겠느냐"(갈 3:3).

시작부터 마침까지 성령을 의지해야 한다. 우리 안에서 행하시며 우리의 구원을 이루어갈 수 있는 힘을 주시는 분은 바로 하나님이다 (빌 2:13).

또한 우리는 그리스도를 좇아가는 노력을 잊지 말아야 한다. 물론 예수님을 더 온전히 알기 위해 절제하고 훈련하는 것도 유익하다. 그러나 그가 먼저 우리를 찾으셨다는 사실을 잊어서는 안 된다. 그가 먼저 우리를 택하셨고(요 15:16), 그가 먼저 우리를 사랑하셨음(요일 4:19)을 결코 잊지 말아야 한다.

이렇게 해서 하나님의 예정에 따라 창세전에 선언된, 그리스도 안에서 얻은 전적 칭의로 되돌아감으로써 우리는 성화로 나아가는 힘을 얻는다.

빌립보서 3장에 피력된 바울의 믿음은 확고하다.

내가 이미 얻었다 함도 아니요 온전히 이루었다 함도 아니라 오직 내가 그리스도 예수께 잡힌 바 된 그것을 잡으려고 달려가노라 형제들아 나는 아직 내가 잡은 줄로 여기지 아니하고 오직 한 일 즉 뒤에 있는 것은 잊어버리고 앞에 있는 것을 잡으려고 푯대를 향하여 그리스도 예수 안에서 하나님이 위에서 부르신 부름의 상을 위하여 달려가노라 그러므로 누구든지 우리 온전히 이룬 자들은 이렇게 생각할지니 만일 어떤 일에 너희가 달리 생각하면 하나님이 이것도 너희에게 나타내시리라 오직 우리가 어디까지 이르렀든지 그대로 행할 것이라 (빌 3:12-16).

그리스도께서 바울을 그분의 소유로 삼으셨으므로(과거 시제) 바울은 그분을 좇아간다(현재 시제). 명령법인 순종 명령은 직설법인 복음에 근거한다.

이 본문에서 바울도 그렇게 마무리한다. 과거를 잊고 앞으로 매진하며 좇아가는 것을 말한 후, 다시 "오직 우리가 어디까지 이르렀든지 그대로 행할 것이라"고 말한다.

이것은 이미 얻은 것을 굳건히 붙들어야 한다는 뜻이다. 복음으로 다시 돌아가는 것은 그리스도를 좇아감에 있어 매우 중요한 일이다. 그렇게 하지 않으면 그분을 열정적으로 좇을 수 없다. 복음이 있는 곳에는 반드시 능력과 경외심이 있다.

따라서 우리는 끊임없이 복음으로 돌아가야 한다. 우리의 지속적인 곤경과 문제에도 하나님이 우리를 계속 사랑하시고 강건케 하시며 성화의 길로 이끄신다는 사실 자체가 복된 소식이다.

또한 이것은 모든 그리스도인의 성숙을 위한 방도다.

당신은 복음 안에서 그리스도를 열정적으로 좇아가는가?

자기 계발을 모색하고 있다면 교회 밖에서 찾으라. 보트를 타거나 등산을 하거나 스키를 타라. 교회를 자기 계발 센터로 삼는 것은 터무니없는 일이다. 그런 일로 주일 아침부터 서둘러대는 건 답답한 노릇이다.

혹 당신의 신앙생활이 이런 식인가? 당신 삶의 '영적' 범주 안에 포함시킬 무언가를 열심히 찾고 있는가?

아니면 하나님의 복음이 제시하는 압도적인 진리를 볼 수 있는가?

하나님의 완전하신 거룩함에 비해 당신의 의는 쓰레기에 불과하다는 것을 아는가? 당신을 용서하고 구원하며 구속하기 위해 기꺼이 친히 나서실 정도로 하나님께서 당신을 영원히 사랑하심을 믿는가?

그리스도의 완전한 의가 당신에게 전가되는 것은 행위가 아니라 믿음을 통해서다. 그러므로 성경 및 교회사 속 인물들과 함께, 또 모든 피조물과 더불어 이토록 은혜로우신 하나님을 갈망하자.

중단하지 말고 앞으로 나아가자. 그분이 우리를 붙드신다. 우리를 방치하지 않으신다. 하나님이 자기 이름을 위하여 우리를 도우신다.

7.
거룩한 불만은
영적 건강에
유익하다

•

그리스도 예수 안에서 하나님이
위에서 부르신 부름의 상을 위하여 달려가노라(빌 3:14).

앞에서도 말했듯이 나는 고인들의 글(고전)을 좋아한다. 그런 글을 읽으면 기분이 고조된다.

사실 나는 비교적 공부를 좋아하는 편이다. 하나님 말씀을 펼치거나 펜을 잡거나 컴퓨터를 켜거나 난해한 본문들과 씨름하는 것이 내게는 지겹지 않다. 면학 습관은 나의 힘이다.

하지만 나는 기도에 약하다. 내게는 기도가 힘든 일이다. 내가 가장 좋아하는 성구 가운데 하나는 "너희 기도에 나와 힘을 같이하여"(롬 15:30)다. 기도에 힘을 쏟아야 한다는 것이 성경적인 사실이라는 것에 대해 하나님께 감사드린다.

그럼에도 불구하고 마음을 다하는 깊은 기도가 쉽지 않기 때문에 나는 내 기도에 항상 거룩한 불만을 느낀다.

나는 예수 그리스도와의 친밀한 관계를 원한다. 성경과 기독교 역사에는 깊고 폭넓은 기도를 드리는 사람들을 볼 수 있는데, 그에 비해 내 기도는 얕고 좁다. 그래서 나는 종종 이런 기도를 드린다. "주여, 저는 주님에 관해 공부만 하는 것이 아니라 주님을 '알고' 싶습니다. 주님에 관해 이야기하는 사람이 아니라 진심으로 주님을 좇아가는 사람이길 원합니다."

이 같은 나 자신의 연약함을 인식하기 때문에 나는 늘 성령의 능력을 의지하게 된다. 로마서 8장 26절은 이렇게 약속한다. "우리는 마땅히 기도할 바를 알지 못하나 오직 성령이 말할 수 없는 탄식으로 우리를 위하여 친히 간구하시느니라."

약한 분야에 시간을 허비하지 않고 가급적 강한 분야에 집중하는 것은 경제경영 분야는 물론 심지어 교계에서도 선호되는 원칙이다. 그러나 나는 성경에서 그런 효율적인 원칙을 별로 많이 보지 못했다.

우리의 신앙생활은 그렇게 안락하지 않다. 자신의 연약함을 통해 우리는 하나님과 그분의 은혜로우신 사랑을 의지할 수 있다. 연약한 부분을 강화시키는 과정에서 우리는 거룩한 불만에 빠져든다. 빌립보 교인들을 향한 바울의 독려도 바로 이 거룩한 불만을 전제로 한 것이다.

자기반성에 있어서도 지속적인 노력이 필요하다.

자신을 잘 아는 일은 중요하다. 자신을 속이는 것은 자신에게 도움이 되지 않는다. 그러므로 스스로에게 자신에 대한 거짓말을 하지 말자. 우리의 어떤 부분이 약한지 알자. 자신의 생각을 알자. 여호와께 고하려 하지 않는 생각이 무엇인지 알자.

우리 마음과 생각과 깊은 내면에서 실제로 일어나고 있는 일을 알아내기 위해 시간을 할애해야 한다. 의심과 불신의 마음을 진단하는 질문들을 끊임없이 자문해봐야 한다. 거룩한 불만은 그리스도 안에 있는 안식과 축복을 얻기 위해 줄곧 그분을 향해 매진하게 하므로 유익하다.

앞에서 우리는 그리스도를 향한 우리의 열망을 불러일으키는 것과 그것을 꺼트리는 것이 무엇인지 규명했다. 이제 우리 자신으로 만족지지 않고, 그리스도 안에서 얻는 만족을 구하는 이 거룩한 불만을 계속 유지하는 몇 가지 방법을 살펴보자.

좋은 영적 본보기

우리의 연약함에 친숙해지면 거룩한 불만을 갖는 데 큰 도움이 된다. 그런 불만 상태를 유지하는 또 다른 방법은 자신을 그리스도의 거룩하심에 비교하는 것이다. 그러면 우리는 늘 부족함을 느끼게 마련이다.

복음과 하나님의 은혜를 계속 붙드는 한, 거룩한 불만은 영적 건강에 유익하다. 늘 겸손과 확신, 즉 자신에 대한 겸손과 그리스도를 향한 확신 가운데 거할 수 있기 때문이다.

자신을 예수님과 비교하기만 하고 그분의 선하심이 믿음 안에서 우리에게 전가됨을 믿지 못한다면 우리는 좌절과 수치의 늪에서 헤어나지 못할 것이다.

반면 언제나 하나님의 은혜를 의지할 때, 우리는 자신의 연약함을 두려움 없이 점검하고 자신의 불완전함과 예수님의 완전하심을 건강하게 자주 대조할 수 있다.

영적 슬럼프를 피하는 좋은 방법이 또 하나 있다. 우리 주변에는 탁월한 수준의 경건을 지닌 사람들이 있다. 자신과 다른 사람들을 비교할 때 어떤 심각한 문제를 유발할 수 있는지에 대해서는 앞에서 이미 언급했다. 다른 사람들보다 자신이 더 나아서 의롭다고 믿을 때의 문제는 특히 심각하다.

자신보다 나은 사람에게서 예수님을 사랑하며 그분께 영광 돌리는 법을 배우기보다 그들처럼 되는 것 자체를 목표로 삼는 것도 위험하다. 물론 다른 사람을 통해 배우거나 조언과 지도를 받을 수도 있다. 그들에게서 좋은 본보기들을 찾을 수 있다. 우리의 약한 부분에서 강한, 그리고 우리의 성장에 도움을 줄 수 있는 그리스도의 본보기들을 찾을 수 있다.

대학시절에 만난 어느 길거리 사역자가 생각난다. 그는 거리에서 살다시피 했고, 소책자를 나눠주며 만나는 사람 누구에게나 예수님에 대해 이야기했다. 얼마 동안 그와 함께 시간을 보내며 나는 복음 전도에 거침이 없던 그의 모습을 보았다.

그와 함께 샌드위치 가게에서 점심을 먹을 때였다. 그는 참치 샌드위치를 주문했다. 그러더니 계산대 뒤편에서 샌드위치를 만들기 시작한 젊은 여자 점원에게 다짜고짜 물었다.

"저 샌드위치로 오천 명을 먹일 수 있다고 생각하세요?"

여자 점원이 대답했다.

"음, 글쎄요. 힘들 것 같은데요. 손님, 저기 특대 사이즈가 있습니다만."

그러자 그가 말을 받았다.

"아뇨, 아뇨. 내가 주문한 저 샌드위치 말입니다. 저 샌드위치로 오천 명을 먹일 수 있을까요?"

"당연히 불가능하죠."

"그렇다면 당신은 하나님을 모르는 겁니다."

그 순간 나는 주문한 음식이나 빨리 먹고 싶다는 생각이 들었다. 너무도 적극적인 그의 전도 방식이 조금 당황스러웠다. 그렇게 그는 틈만 나면 복음을 전했다.

그러나 그것은 내게 좋은 경험이었다.

영적으로 우리보다 뛰어난 사람들 곁에 있다는 것은 우리에게 분명히 좋은 일이다. 우리의 약한 부분에서 강한 사람들이 옆에 있을 경우에는 특히 그렇다.

그래서 내 주변에는 기도하는 사람들이 필요하다. 기도의 은사를 지닌 자들, 기도에 열정적인 사람들이 내 주변에 많으면 좋겠다는 생각이다. 그들은 기도와 관련하여 내게 필요한 것이 지식이 아니라 능력임을 계속 상기시켜 줄 것이다.

우리 모두는 자신의 연약함을 보완해 줄 사람들이 필요하다.

복음전도에 약한가? 강력한 전도자와 함께 다니라.

신학에 약한가? 학구적인 사람과 함께하라.

봉사에 약한가? 대접을 잘하고 겸손하며 희생적인 사람을 가까이하라.

결코 영적 성장의 현 단계에서 만족하지 말라. 자신의 연약함을 살피고, 그리스도의 완전하심에 주목하며, 좋은 영적 본보기를 찾아 하나님을 향한 갈급한 마음을 항상 유지하라.

거룩한 불만

내가 이미 얻었다 함도 아니요 온전히 이루었다 함도 아니라 오직 내가 그리스도 예수께 잡힌 바 된 그것을 잡으려고 달려가노라(빌 3:12).

성숙한 그리스도인의 대표자라 할 만한 하나님의 사람 바울이 여기서 "아직 목표에 이르지 못했다"고 말한다. 그가 그토록 거룩한 불만을 지녔다면 우리도 그래야 할 것이다.

단, 그것이 거룩한 불만이라는 것을 기억하라.

그것은 그리스도나 우리의 구원에 대한 불만이 아니라 우리 자신이나 그리스도 이외의 모든 것에 대한 궁극적 불만이다. 이는 우리가 하나님의 선한 은사들을 누리지 않음을 뜻하는 것이 아니라 은사를 주시는 분을 배제한 채 은사 자체에서 만족을 추구하면 안 된다는 뜻이다.

이것이 핵심이다. 거룩한 불만이란 근심이나 두려움, 하나님께 인정받지 못한다는 생각에 사로잡히는 것이 아니다. 더 열정적인 예배를 추구하며 성경을 더 많이 알기 바라는 의미에서의 불만이다.

이 불만은 부동의 상태로 굳어짐을 뜻하지 않는다.

때로 우리는 너무 심한 불만에 갇혀 기쁨을 누릴 가능성마저 포기한다. 우리가 그리스도 안에서 영원히 인정받고 하나님 앞에서 의로워졌음을 알려주는 복음을 배제한 채 자신의 연약함이나 기능장애에 골몰하면 판단 마비 상태에 빠져들 수 있다. 즉 바울이 당부하는 거룩한 불만은 기쁨을 소멸시키는 것이 아니라 더 풍성하고 깊은 기쁨으로 몰아간다.

빌립보서 3장 13-16절에서 바울은 **거룩한 불만의 핵심 요소 다섯 가지**를 제시한다. 이는 무감각이나 마비 상태를 경계하는 내용이기도 하다.

- 뒤에 있는 것은 잊어버림.
- 앞에 있는 것을 잡으려고 달려감.
- 푯대를 향하여 달려감.
- "이렇게" 생각함.
- 이미 얻은 것을 붙듦.

이 다섯 가지 중 첫 번째는 거룩한 불만의 중요한 요소다. **"뒤에 있는 것을 잊어야 한다."** 이는 모든 과거를 잊어야 한다는 뜻이 아니다. 백지처럼 깡그리 잊는 것을 뜻하지 않는다. 성경에서는 언약 백성이 기억해야 함을 거듭 강조한다. 족장들을 향하신 하나님의 신실하심과 하나님을 향한 족장들의 신실함을 기억하라고 명한다. 따라서 바울은 "모든 것을 잊으라"고 말하지 않는다. 고린도전서 15장 1절에서는 "형제들아 내가 너희에게 전한 복음을 너희에게 알게 하노니"라고 말한다.

그가 잊어버리려는 것은 그리스도를 추구하지 못하게 하는 모든 과거다. 여기에는 좋은 일과 궂은일이 모두 포함된다.

우리는 모두 과거에 승리한 경험이 있다. 힘든 곤경을 극복한 때가 있다.

그리스도인으로 살아가면서 우리는 여러 '승리'를 경험한다. 그 승리들이 하나님의 은혜와 능력을 상기시킬 수 있다. 그러나 우리가 일시적인 승리에 안주하려 하면 그것이 우리를 나태하게 만들 수 있다. 고린도전서 10장 12절에서 바울이 경고하는 내용이 바로 그것이다. "그런즉 선 줄로 생각하는 자는 넘어질까 조심하라." 우리가 과거의 승리로 의기양양할 때가 영적으로 가장 주의할 때다. 그 기억은 근사하지만, 오늘 요구되는 성장에 유익하지는 않다. 즉 "선 줄로 생각하는 자는 넘어질까 조심하라"는 말은 "어제의 승리에 의존하지 말라"는 뜻이다.

어제 우리에게 주어진 승리는 어제의 은혜로 인한 것이다. 오늘 받을 은혜는 따로 있다. 하나님의 은혜는 아침마다 새롭다. 적절한 때에 제공되는 만나와 같다. 어제의 은혜는 오늘의 영적 싸움에 적합하지 않다.

우리가 주의해야 할 것은 과거의 승리만이 아니다. 과거의 실패도 주의 대상이다.

우리는 예수 그리스도를 추구하는 오늘의 과제가 과거의 어두운 일들에 영향 받지 않도록 주의해야 한다. 그 일이 우리가 행한 것이든 우리에게 가해진 것이든, 우리는 그것을 그리스도께 복종시키고 그분을 향한 달음질에 매진해야 한다.

우리는 자신이 행하거나 겪은 일이 은혜로 극복되기에는 너무 심각하다는 생각에 빠져들기 쉽다. 자신이 손댈 수 없고 치유될 수 없는 처지라고 단정한다.

그러나 "뒤에 있는 것은 잊어버리라"는 바울의 당부를 기억하자. 그런 일들을 잊지 않으려는 것은 교묘한 형태의 교만일 뿐이다. 그렇게 함으로써 자신의 문제가 예수께서 감당하실 수 없을 정도로 크다고 생각한다. 자신은 예수님이 깨트리실 수 없을 정도로 단단한 껍질에 싸인 사람이라는 것이다. 그런 사람은 자신이 그리스도의 십자가로도 해결할 수 없는 상황에 놓였다고 생각한다. '그리스도께서는 바울을 구원할 수 있고, 베드로를 구원할 수 있으며, 만물을 새롭게 하실 수 있다. 하지만 나는 예외다! 내게는 은혜도 아무런 효력을 발휘하지 못한다.'

뒤에 놓인 것을 잊으려 하지 않는 것은 이처럼 교만한 태도다. 십자가 때문에, 그리고 구원이 오직 그리스도 안에 있기 때문에 우리는 어두운 과거를 도리어 자랑할 수 있다. 죄를 미화하거나 자신을 두둔하려는 것이 아니라 그리스도의 기이한 은혜와 긍휼을 드높이는 것이다. 디모데전서 1장에서 바울이 그렇게 했다.

> 나를 능하게 하신 그리스도 예수 우리 주께 내가 감사함은 나를 충성되이 여겨 내게 직분을 맡기심이니 내가 전에는 비방자요 박해자요 폭행자였으나 도리어 긍휼을 입은 것은 내가 믿지 아니할 때에 알지 못하고 행하였음이라 우리 주의 은혜가 그리스도 예수 안에 있는 믿음과 사랑과 함께 넘치도록 풍성하였도다 미쁘다 모든 사람이 받을 만한 이 말이

여 그리스도 예수께서 죄인을 구원하시려고 세상에 임하셨다 하였도다 죄인 중에 내가 괴수니라 그러나 내가 긍휼을 입은 까닭은 예수 그리스도께서 내게 먼저 일체 오래 참으심을 보이사 후에 주를 믿어 영생 얻는 자들에게 본이 되게 하려 하심이라(딤전 1:12-16).

고린도후서 11장 30절에서는 "내가 부득불 자랑할진대 내가 약한 것을 자랑하리라"고 말한다. 바울이 빌립보서 3장에서 "아직 목표에 이르지 못했다"고 말한 것은 이처럼 자신의 연약함과 죄성을 솔직히 노출할 수 있었기 때문이다.

목표에 이르지 못했다는 사실이 그를 곤경에 빠트리진 않는다. 복음 안에서 얻는 힘이 있기 때문에 그는 오히려 자신의 연약함을 자랑할 수 있다. 그 힘은 자신의 연약함을 겸손히 자백하는 자들을 위한 것이다.

은혜의 연료

거룩한 불만은 긍정적으로 작용한다. 노력하게 한다. 게으름을 용인하지 않는다. 영적 정체 상태가 아닌 성장을 추구하게 한다. 그리스도와 그분의 복음 안에 있는 안식을 추구하는 강렬한 에너지를 조성해준다. 바울이 빌립보서 3장 13-16절에서 제시한 내용이 바로 그것이다.

형제들아 나는 아직 내가 잡은 줄로 여기지 아니하고 오직 한 일 즉 뒤에 있는 것은 잊어버리고 앞에 있는 것을 잡으려고 푯대를 향하여 그리스도 예수 안에서 하나님이 위에서 부르신 부름의 상을 위하여 달려가노라 그러므로 누구든지 우리 온전히 이룬 자들은 이렇게 생각할지니 만일 어떤 일에 너희가 달리 생각하면 하나님이 이것도 너희에게 나타내시리라 오직 우리가 어디까지 이르렀든지 그대로 행할 것이라.

거룩한 불만 가운데 우리는 하나님이 성령을 통해 우리 안에서 이루어오신 일을 이루어간다.

먼저 우리는 현재적인 추구를 훼방할 수 있는, 뒤에 있는 것을 잊어버림으로써 그렇게 한다. 그런 다음 앞으로 나아간다. 나는 그리스도 안에 있다. 나는 그분을 발견했다. 그분도 나를 발견하셨다. 나는 그분께 속해 있다. 그러나 그분을 더 많이 추구할 것이다. 나는 목표 없이 느릿하게 배회하지 않는다. 푯대를 향해 나아간다. 그분을 유일한 상급으로 알고 전진한다.

바울은 이런 식의 표현을 좋아했다.

망령되고 허탄한 신화를 버리고 경건에 이르도록 네 자신을 연단하라 육체의 연단은 약간의 유익이 있으나 경건은 범사에 유익하니 금생과 내생에 약속이 있느니라 미쁘다 이 말이여 모든 사람들이 받을 만하도다 이를 위하여 우리가 수고하고 힘쓰는 것은 우리 소망을 살아계신 하나님께 둠이니 곧 모든 사람 특히 믿는 자들의 구주시라 (딤전 4:7-10).

"망령되고 허탄한 신화를 버리라." 이를 현대적인 표현으로 고쳐보면 이렇다. "게임을 하지 말라. 빈둥거리지 말라. 경건을 훈련하라. 수고하며 노력하라."

고린도전서 9장 23-27절을 보자.

내가 복음을 위하여 모든 것을 행함은 복음에 참여하고자 함이라 운동장에서 달음질하는 자들이 다 달릴지라도 오직 상을 받는 사람은 한 사람인 줄을 너희가 알지 못하느냐 너희도 상을 받도록 이와 같이 달음질하라 이기기를 다투는 자마다 모든 일에 절제하나니 그들은 썩을 승리자의 관을 얻고자 하되 우리는 썩지 아니할 것을 얻고자 하노라 그러므로 나는 달음질하기를 향방 없는 것같이 아니하고 싸우기를 허공을 치는 것같이 아니하며 내가 내 몸을 쳐 복종하게 함은 내가 남에게 전파한 후에 자신이 도리어 버림을 당할까 두려워함이로다.

이 본문을 읽을 때마다 나는 영화 '록키2'의 한 장면이 생각난다. 거기서 애드리안은 록키에게 이렇게 말한다. "나를 위해 당신이 해주었으면 하는 일이 하나 있어요. 바로 이기는 거예요." 이어서 음악이 나오고 전형적인 훈련 장면이 시작된다.

바울은 지기 위해 달리기 시합에 나서는 사람은 아무도 없다고 말한다. 이길 생각이 없으면 왜 달리겠는가? 그러나 훈련하여 자신을 단련시키지 않으면 시합에서 이길 수 없다.

'은혜' 개념은 기독교의 본질적 메시지다. 성경적인 신앙을 다른 모든 종교나 자기 계발 방편과 구별되게 한다. 그렇다면 투쟁, 힘든 노고, 훈련 따위와 은혜 개념은 상반되는 것 아닌가?

은혜를 곡해하는 개념 중 하나는 신앙생활에서 우리의 노력을 배제하는 것이다. 그러나 달라스 윌라드가 말하듯 "은혜는 노력(effort)의 반대가 아니라 획득(earning)의 반대다."

우연히 경건에 이르는 사람은 없다. 그런 일은 절대로 일어나지 않는다. 그리스도인의 삶을 위한 자동조종장치 같은 것은 없다. 저절로 수준 높은 경건에 이른 사례는 성경에서 단 하나도 발견되지 않는다. 이적을 경험한 사람의 경우도 마찬가지다.

사실 구약성경의 기록에 따르면, 하나님의 놀라운 이적을 목격한 자들이 차츰 그것을 당연시했다. 그리고 성결을 향한 수고와 노력이 없을 때, 그 이적은 곧 사라졌다.

모세가 시내산에 올랐다. 이스라엘 백성을 애굽에서 이끌어낸 직후였다. 그가 산에서 십계명을 받는 동안, 이스라엘 백성은 금을 모아 송아지 우상을 만들었다. 그것을 만든 것은 그들 자신이 통제할 수 있는 신을 원했기 때문이다. 모세가 산에서 내려와 그 혐오스러운 광경을 보았다. 이 백성은 하나님의 권능을 목격해왔다. 그것은 우리가 한 번도 본 적 없는 놀라운 권능이었다. 하나님은 애굽의 모든 장자를 죽이셨다. 애굽 전역의 물을 피로 변하게 하셨다. 홍해를 가르셨다. 개구리 떼와 메뚜기 떼가 출몰하게 하셨다. 하나님의 강력한 권능이 가시적으로 나타났다. 사실 모세가 혼자 산에 올라간 것도 산이 진동하고 백성들이 멀리서 들리는 하나님의 음성을 들었기 때문이다. 그들은 두려워서 모세와 함께 올라갈 수 없었다. 하나님이 이렇듯 놀라운 방식으로 권능을 계시하셨음에도 불구하고 그들은 불과 몇 주 만에 금송아지를 숭배했다.

이처럼 성결을 위한 투쟁이나 노고가 없으면 하나님의 권능 체험도 싸구려로 전락하고 만다. 때문에 디트리히 본회퍼는 복음에 나태하고 무감각한 삶을 가리켜 "값싼 은혜"에 대한 믿음이라 불렀다.

은혜란 우리가 열정적으로 노력하든 노력하지 않든 상관없이 구원받음을 뜻하지만 전적 은혜에 대한 믿음이 그리스도로부터 돌아서게 하진 않는다. 진정으로 자신의 행위와 무관하게 구원받았음을 믿는다면, 우리는 순전한 감사와 찬미로 더 열심히 노력할 것이다. 이는 하나님의 인정을 받기 위해 열심히 노력하는 것과 다르다. 즉 **인정받기 위해** 순종하는 것과 **인정받았기 때문에** 순종하는 것의 차이다.

그러므로 영적 목표를 설정하는 것은 바람직하다. 성경 지식에 더 밝아지려는 마음은 좋은 것이다. 영적 성장에 매진하게 하는 것도 은혜다.

우리가 은혜를 더 많이 경험할수록 이 사실을 더 잘 이해할 것이다. 행위가 곧 은혜는 아니지만 행위와 은혜는 병존되어야 한다.

존 칼빈은 "우리는 오직 믿음으로 구원받지만 믿음뿐인 믿음으로 구원받는 것은 아니다."라고 말했다. 하나님의 은혜가 우리의 믿음을 일으키듯이 우리는 행위를 통해 믿음을 입증한다. 야고보서 2장 26절은 "영혼 없는 몸이 죽은 것같이 행함이 없는 믿음은 죽은 것이니라"고 말한다.

고상한 사람들 중 일부는 은혜와 노고를 상충된 것으로 간주한다. 하지만 우리는 자신의 '노력에 의해서'가 아니라 그 '노력으로부터' 구원받은 것에 더하여 우리의 '노력'(그리스도를 좇아가는 노력) 또한 구원받았다.

그러므로 하나님의 명령과 성결 추구를 회피하는 것은 성숙한 신앙이 아니다. 우리는 은혜와 노력의 역동적인 긴장을 이해해야 한다.

그 모든 긴장과 노고와 관련하여 바울은 이렇게 말한다. "누구든지 우리 온전히 이룬 자들은 이렇게 생각할지니 만일 어떤 일에 너희가 달리 생각하면 하나님이 이것도 너희에게 나타내시리라"(빌 3:15).

8.
그리스도인의 능력은 복음 안에 있다

●

그러나 우리의 시민권은 하늘에 있는지라(빌 3:20).

가는 곳마다 만나는 사람마다 나에게 새로운 '계시'를 원한다. 나로서는 이보다 좋은 표현을 생각해낼 수가 없다. 많은 사람이 현재 유행하는 것과 다음에 유행할 것을 알고 싶어 한다.

문득 TV 광고가 하나 생각난다. 어떤 남자가 현관에 배달된 대형화면 TV를 집 안으로 들이려 한다. 바로 그때 **신형** TV 광고문을 새긴 트럭이 지나간다. 그것을 본 남자는 고개를 떨군다.

우리는 어제의 기술을 원하지 않는다. 어제의 뉴스를 원하지 않는다. 이런 성향은 인터넷의 영향이 크다. 유행에 앞서는 것은 몹시 힘들다. 그래서 우리는 좀처럼 '로그아웃'을 하지 못한다. 길을 걸으면서 연신 휴대폰을 만지작거리는 것도 바로 이 때문이다.

우리는 아무것도 놓치려 하지 않는다. 발생한 지 여러 시간이 지난 일을 모르는 경우는 극히 드물다. 구형 자동차를 타고 다니면 왠지 초라해 보인다.

교회에도 이런 경향이 있다. 우리는 대체로 오래된 것을 원치 않는다. 새것을 원한다. 새로운 계시를 원한다. 성경에 정통하지도 않으면서 다음과 같이 말하는 것도 바로 그 때문이다. "최근에는 하나님이 내게 말씀하지 않으셨다." 이 말은 "하나님이 내게 꼭 맞는 직접적인 정보를 주시지 않았다"는 뜻이다.

우리는 이미 알고 있는 계시의 말씀에 순종하는 대신 새 계시를 원한다. 때문에 하나님의 '침묵'을 탄식한다. 늘 새로운 무언가를 배우고 싶어 한다.

그러나 기초 과정을 거치지 않고 상급반으로 올라가는 것은 터무니없는 일이다. 성경적으로 말하면, 기독교의 기초인 예수 그리스도의 복음은 초급자와 상급자 모두에게 꼭 필요하다. 교회에서 우리는 종종 젖과 고기를 혼동한다. 말세에 관한 이론이나 기타 신학적 개념들을 고기로 여긴다.

하지만 그리스도인의 삶 전반에 걸쳐 깊은 지혜와 통찰로 나아가게 하는 것은 단순한 복음이다. 단순한 복음을 계속 마음에 두고 생각할 때 더 깊은 지혜를 얻을 수 있다.

바울이 빌립보서 3장 끝부분에서 다시 복음을 상기시키는 것도 바로 이 때문이다. 이는 우리 스스로 앞서가지 않도록 점검해주는 말씀이다.

> 누구든지 우리 온전히 이룬 자들은 이렇게 생각할지니 만일 어떤 일에 너희가 달리 생각하면 하나님이 이것도 너희에게 나타내시리라 오직 우리가 어디까지 이르렀든지 그대로 행할 것이라(빌 3:15-16).

바울은 잠시 멈추고 점검한다. 기본적으로 이렇게 말하고 있는 셈이다. "이야기를 더 진전시키기 전에 이미 우리가 받은 것을 기억하자. 핵심적인 것을 기억하자. 이미 받은 것을 단단히 붙들자."

여기서 우리는 이른바 '복음 구심성'의 중요성을 상기하게 된다. 예수 그리스도의 복음에 집중하는 것이 왜 중요할까?

무엇보다 우리 눈을 복음에 늘 고정시켜야 한다. 복음 안에서 그리스도를 받아들이며, 그분께 눈을 고정시켜야 한다(히 12:2). 우리의 변화는 예수님을 주목하는 것에서 비롯된다(고후 3:18).

복음에 집중해야 하는 또 다른 이유가 있다. 그것은 복음 안에서 우리가 그리스도인으로 살아갈 능력을 얻기 때문이다.

로마서 1장 16절, 고린도전서 1장 17절, 에베소서 3장 7절, 데살로니가전서 1장 5절 모두 이 점을 강조한다. 골로새서 1장은 복음이 세상에 들어가서 열매를 맺는다고 말한다. 고린도전서 15장은 우리가 복음을 한 번 받아들이는 데 그치지 않고 계속 그 안에 서서 구원의 방편으로 의지해야 함을 상기시킨다.

또한 우리의 믿음마저 하나님의 은혜의 선물이라는 것과 모든 순종 명령이 복음과 결부된 것임을 신약성경 전반에서 가르치기 때문에 우리가 하나님을 따르기 위해서는 계속 복음에 집중해야 한다. 믿음으로 순종하는 힘의 원천은 복음의 은혜 안에 있다. 따라서 우리의 모든 힘과 열정과 노력을 다해 이미 얻은 것을 굳게 붙들며 지켜야 한다(빌 3:16; 고전 15:2).

그리스도인으로서 성장하고, 또 열정적으로 예수님을 추구하기 위해서는 그분의 복음에 집중하는 것이 필수다. 마르틴 루터는 이렇게 말한다. "가장 중요한 일은 … 이 사실을 잘 알고 다른 사람들에게 가르치며 또한 그것을 그들의 생각 속에 지속적으로 주지시키는 것이다."[10] 혹은 팀 켈러가 말했듯이 복음은 그리스도인의 삶의 ABC가 아니라 A부터 Z까지다.

빌립보서 3장을 마무리하면서 바울은 복음에 집중하는 세 가지 방안을 제시한다. 물론 이 외에도 복음 중심의 삶을 위한 방안이 있다. 그러나 다음의 세 가지는 핵심적인 실천 방안으로, 우리가 지속적으로 상기하며 실행할 수 있는 것이다. 바울이 복음 중심의 삶을 위해 강조하는 세 가지 방안은 이러하다. 첫째, 제자화에 힘쓰는 것, 둘째, 우리의 시민권을 기억하는 것, 그리고 마지막으로 하늘을 고대하는 것이다.

제자 삼기, 제자 되기

빌립보서 전반에 걸쳐 바울은 여러 가지 본보기를 제시한다. 앞 장에서는 우리와 다르거나 우리의 연약한 부분에서 강한 형제자매들과 친밀하게 협력하는 것이 영적 성장과 거룩한 불만을 유지하는 데 도움이 된다는 사실을 살펴보았다. 이제 초점은 본보기와 훈련에 맞춰진다. 성숙한 기독교의 표시는 제자화, 곧 제자 삼기와 제자 되기다. 빌립보서 3장 17절에서 바울이 이 점을 언급한다. "형제들아 너희는 함께 나를 본받으라. 그리고 너희가 우리를 본받은 것처럼 그와 같이 행하는 자들을 눈여겨보라."

---

[10] 마르틴 루터, *A Commentary on St. Paul's Epistle to the Galathians* (London: Mathews and Leigh, 1807), 58쪽.

바울은 자기 자신을 본보기로 제시하는 데 주저하지 않았다. 그러나 교회를 자신의 복제품으로 가득 채우려는 의도는 없었다. 고린도전서 11장 1절에서 그는 "내가 그리스도를 본받는 자가 된 것같이 너희는 나를 본받는 자가 되라"고 당부한다. 어떤 역본은 이를 "내가 그리스도를 따르듯이 너희는 나를 따르라."라고 기록한다. 바울은 사람들이 예수님을 따르는 자신을 본받기 원했다. 그가 그들을 예수께로 인도하지 않는다면 그들은 그를 따르지 말아야 했다(갈 1:8; 행 17:11).

이것이 제자화의 패러다임이다. "함께"(빌 3:17)는 연합된 행동을 암시한다. 쉽게 말해 멀리 떨어져 있는 사람들이 제자화를 도모할 순 없다. 이것은 "나를 본받으라"는 훈련을 전제로 하는 당부다.

바울은 제자화의 본보기를 보였고, 그를 "모방"함으로써 그의 제자들도 그리스도를 따를 수 있다. "너희가 우리를 본받은 것처럼 그와 같이 행하는 자들을 눈여겨보라"는 말은 자신의 신념과 관습, 습관과 성향, 영적 열매를 계발하는 법을 배우기 위해 성숙한 그리스도인의 삶(그들의 신념과 관습, 습관과 성향, 영적 열매)을 공부하라는 뜻이다. 디도라는 제자에게 쓴 편지에서 바울은 이 점을 좀 더 자세히 언급한다.

> 오직 너는 바른 교훈에 합당한 것을 말하여 늙은 남자로는 절제하며 경건하며 신중하며 믿음과 사랑과 인내함에 온전하게 하고 늙은 여자로는 이와 같이 행실이 거룩하며 모함하지 말며 많은 술의 종이 되지 아니하며 선한 것을 가르치는 자들이 되고 그들로 젊은 여자들을 교훈하되 그 남편과 자녀를 사랑하며 신중하며 순전하며 집안일을 하며 선하며 자기

남편에게 복종하게 하라 이는 하나님의 말씀이 비방을 받지 않게 하려 함이라 너는 이와 같이 젊은 남자들을 신중하도록 권면하되 범사에 네 자신이 선한 일의 본을 보이며 교훈에 부패하지 아니함과 단정함과 책망할 것이 없는 바른 말을 하게 하라 이는 대적하는 자로 하여금 부끄러워 우리를 악하다 할 것이 없게 하려 함이라(딛 2:1-8).

신약성경은 우리의 믿음이 비록 개인적인 것이지만 결코 사적인 차원에서 끝나는 것이 아님을 가르치고 있다. 나는 예수 그리스도와 개인적인 관계를 맺는다. 그러나 그 개인적인 관계가 나 자신의 마음과 생각에서만 끝나면 안 된다.

신앙생활을 통해 나는 다른 사람들에게 그리스도를 따르는 본보기가 된다. 그리고 다른 사람들의 담대한 신앙생활 역시 내게 본보기가 된다. 교회에서 우리는 주로 복음 전도와 관련하여 '믿음'을 나누거나 '증인 됨'에 관해 많은 이야기를 한다. 그러나 형제자매들과 더불어 지속적으로 믿음을 나누며 날마다 증인이 되는 것은 이미 회심한 자들을 위해서도 꼭 필요한 일이다. 우리는 서로에게 계속 복음을 전해야 한다. 디트리히 본회퍼가 기독교 공동체에 관한 책 『더불어 사는 삶』(Life Together)에서 말했듯이, 우리는 복음 전달자로서 서로 만나야 한다. 우리 안에 있는 그리스도의 말씀이 서로에게 필요하다.

바울은 빌립보 교인들에게 자신을 본보기로 제시하며 가르침을 받을 수 있는 다른 그리스도인들도 찾아볼 것을 당부한다. 오늘날에도 제자화의 필요성은 절실하다. 각종 서적과 블로그를 비롯한 온갖 정보에도 불구하고 우리는 여전히 살아있는 본보기를 통한 훈련이 필요하다. 우리와 동행하는 믿음의 멘토들이 필요하다. 제자화할 대상을 찾는 것도, 제자훈련을 받는 것도 모두 우리의 임무다.

우리는 경건한 이들을 찾아서 그들에게 지도받아야 한다. 물론 그렇게 하기가 상대적으로 힘들 수 있다. 성숙한 그리스도인들을 만나기 힘든 곳도 있다. 그런 경우에도 그들을 찾기 위한 노력을 계속해야 한다. 그 일을 위해 먼 거리를 이동해야 할 수도 있다. 스케줄을 조정해야 할 수도 있다. 그러나 제자화는 그 모든 노력을 감수할 만큼 중요하다.

우리는 정말 근사한 시대에 살고 있다. 언젠가 아내와 함께 점심 먹을 곳으로 향하던 중 그곳으로 가는 길이 차단되어 있었다. 아내는 휴대폰을 꺼내더니 어떤 버튼을 눌렀다. 그러자 휴대폰에서 도착지까지의 길을 자세히 안내하는 멘트가 이어졌다. 어느새 내 손에는 맛있는 버거와 땅콩버터 셰이크가 들려 있었다.

이처럼 오늘날에는 갖가지 연결 방편이 발달되어 있어서 가르침을 받을 그리스도인들을 찾는 것이 그 어느 때보다 쉬워졌다. 함께 공동체 생활을 할 수 있는 그리스도인들, 정기적으로 가까이 만날 수 있는 그리스도인들을 찾는 것이 가장 좋다. 바울은 그들을 눈여겨보라고 당부한다(빌 3:17). 주변에 그런 그리스도인이 없다면 지혜로운 사람들의 책을 읽거나 그들의 설교를 듣는 것도 좋다. 트위터에서 그들의 글을 읽을 수도 있다. 물론 가상의 공동체가 친밀한 실제 공동체를 대신할 수는 없다. 팟캐스트를 담임목사로 삼거나 트위터에서 제자훈련을 받을 수는 없다. 그러나 이들이 학습과 훈련과 성장에 요긴한 도움을 주는 것은 사실이다.

이와 같이 어떤 방법으로든 예수님을 더 가까이 따르도록 도와줄 사람들을 찾으라. 그리고 되도록 그들과 가까이 지내라.

여기서 주의할 점이 하나 있다. 이것은 어느 정도 안도감을 주는 사항이기도 하다. 우리가 훈련하고 본보기를 따라야 하는 영역에서 강점을 지닌 그리스도인들을 찾을 수 있다면 좋을 것이다. 하지만 그런 경건의 본보기를 찾느라 제자화 과정을 시작하지도 못하는 경우가 있다. 사실 그런 사람은 찾기가 매우 힘들다. 헬라어에 능통하거나 말세론에 박식한 사람을 찾기란 결코 쉬운 일이 아니다. 그러므로 굳이 완벽한 그리스도인을 찾으려 하지 말라.

그보다는 어떤 영역에서 당신보다 좀 더 나은, 주변의 '평범한' 그리스도인들을 간과하지 말라. 당신과 교류하는 사람이 세계에서 가장 뛰어난 신학자는 아닐 수 있지만 성경에서 명하듯 아내를 사랑하는 사람일 수 있다. 그렇다면 그 사람을 가까이하는 것이 가정을 꾸려나가는 데 도움이 될 것이다. 예수님이 명하시듯 자녀를 사랑하는 사람도 있다. 그와 함께하면 당신이 자녀를 사랑하는 법을 배우는 데 도움이 될 것이다. 건강한 가정에서 자라지 못한 사람이라면 고전 책에서 신학을 배우고, 올바른 남편과 아버지 역할에 대해서는 누군가의 가정을 통해 배울 수 있을 것이다.

요컨대 복음을 굳게 붙드는 방법 중 하나는 제자화에 힘써 복음을 매일의 삶에 적용하는 법을 훈련하기 시작하는 것이다.

우리의 시민권과 정체성

이미 얻은 것을 단단히 붙드는 또 다른 방안이 있다. 바로 우리가 그리스도 안에서 어떤 존재인지 이해하는 것이다.

정확히 기억하긴 힘들지만 내 부친은 해군과 해안경비대에서 근무하셨다. 그래서 우리는 이사를 많이 다녔다. 당시에는 스포츠에 유난을 떠는 사람이 거의 없었다. 리틀 야구 리그가 한 시즌 동안 이어졌지만, 그것이 끝나면 모두 자연스럽게 다른 스포츠로 넘어갔다. 1년 내내 축구나 야구를 즐길 수 있는 요즘과 달랐다.

어릴 때 나는 야구를 조금 했다. 하지만 스포츠에 빠져든 건 중학교에 들어가면서부터였다. 나는 직선 달리기를 잘했지만 오른쪽이나 왼쪽으로 방향을 전환하거나 멈추는 것은 힘들었다. 그럴 때마다 넘어져 팔을 다치기 일쑤였다. 기본적으로 내 몸의 속근(골격근 가운데 수축 속도가 빠른 근육-역주)과 뇌의 연결에 문제가 있는 것 같았다. 전력으로 질주하다가 왼쪽으로 전환하려고 생각만 해도 내 몸은 좌우 방향을 혼동하여 마비 증세를 보이다가 결국 넘어지곤 했다.

중학교 때 나는 흑인이 많은 학교에 다녔고 풋볼과 농구를 즐겼다. 내 경기 스타일을 본 몇몇 친구들은 나에게 '막무가내 백인'이라는 별명을 붙였다. 나는 최선을 다했지만 좀처럼 마음먹은 대로 되지 않았다. 중학교 시절을 제외하면 그리 대수로운 일이 아니다. 그렇게 우리는 주변 사람을 둘러보면서 자신의 정체성을 알아가기 시작한다.

십대에 관한 텔레비전 프로그램이나 십대 자녀를 살펴보면 이런 상황을 쉽게 접할 수 있다. 그들은 이렇게 생각하기 시작한다. '나는 스포츠에 적합한가, 아니면 두뇌 쓰는 일에 적합한가? 어떤 부류의 친구들과 어울리는 게 좋은가?' 고등학교 시절에는 반사회적이고 저항적인 폭력서클에 가입하는 친구들도 있었다.

이와 같이 우리는 청소년 시절에 '나는 누구인가? 세상의 어떤 분야가 내게 맞을까?' 진지하게 생각하기 시작한다. 그러다 대학에 들어가면서, 그리고 대학 졸업 후 '현실'에 들어서면서 자신의 정체성에 대한 이 같은 모색이 흐릿해진다고 생각한다.

하지만 나는 그렇게 생각하지 않는다.

우리는 다양한 근거에서 자신을 규정하고 재규정하는 작업을 계속한다. 자신의 직업을 통해 자신을 계속 규정해 나가고 신체적, 정서적 특성에 따라 자신을 규정하기도 한다.

다른 지역도 그렇겠지만, 댈러스에서 나는 종종 직업으로 자신을 규정하는 사람들을 보았다. 그들에게는 직업이 곧 자신이다. 그런 사람이 누군가를 만나서 처음 묻는 말은 "어떤 일 하세요?"다. 이는 각자 종사하는 생업이 곧 그가 어떤 사람인지 알려줌을 암시한다.

자칫하면 우리는 자신이 사는 집이나 다른 여러 가지 일시적이고 외면적인 것으로 자신을 규정하기 쉽다. 어떤 사람들은 자신의 정체성과 자존감이 자신의 집, 직업, 자녀, 의복, 혹은 체력에 의해 좌우된다. 대부분의 식이요법은 실제적인 건강보다 허영심 충족을 위해 행해진다. 헬스장에서 날마다 이두박근 컬과 벤치 프레스에 열중하는 남자들도 마찬가지다. 비만과 싸울 필요가 없어 보이는 사람들이 그토록 운동에 열중하는 이유는 단지 수영장에서 근사하게 보이기 위해서다. 그들에게는 그것이 자신의 정체성과 관련되기 때문이다.

날마다 우리는 다음과 같은 의중을 드러낸다. '나는 이렇게 보이고 싶어. 이런 식으로 인식되고 싶어.' '다른 사람들이 나를 부러워하면 좋겠어.' 이런 생각으로 자신의 직업이나 차, 혹은 집을 내세우고 싶어 할 수 있다. 정체성에 대한 욕구는 결코 사라지지 않는다. 단지 변할 뿐이다. 그것은 '나는 스포츠형인가, 예술가형인가, 아니면 두뇌를 쓰는 형인가?'라는 물음에서 그치지 않고 이런 식으로 진화한다. '나는 중산층이며, BMW를 몰고, 아이들 놀이방과 응접실과 다섯 개의 침실을 갖춘 집에 산다.' 혹은 거꾸로 '나는 BMW를 타고 캐비아를 먹고 샴페인이나 홀짝거리는 나약한 인간이 아니다. 밀러 드래프트를 마시고 2달러짜리 햄버거와 마카로니 치즈를 먹지.'라고 생각하며 다른 사람과 같지 않다는 데 자부심을 갖는다.

성경에서 거듭 가르치는 바는, 그리고 바울이 빌립보서 3장 끝부분에서 말하는 바는 자신의 정체성을 겉모습이 아닌 내면에서 찾으라는 것이다. 복음은 우리가 행하거나 행하지 않은 것으로 자신을 규정하지 말고 그리스도께서 하신 일을 기억하라고 가르친다. 따라서 그리스도인의 정체성은 오직 예수 그리스도를 기반으로 세워진다.

우리가 자신의 정체성을 그리스도 밖에서 규정하려는 것은 사실상 우상 숭배다. 이를테면 다음과 같은 식이다. '나는 하나님에 의해 규정될 생각이 없어. 내 차나 집 따위의 다른 것들로 나를 규정할 거야.' 그런 것들이 자신의 정체성을 규정해 준다고 생각하기 때문에 한사코 그런 것에 집착한다. 그런 데서 자신의 정체성을 찾기 때문에 하나님 나라를 위해 돈을 쓰거나 더 단순한 삶을 살려고 하지 않는다. 바울은 복음 안에서 정체성을 찾는 것과 우상 숭배에서 찾는 것을 이렇게 대조한다.

> 내가 여러 번 너희에게 말하였거니와 이제도 눈물을 흘리며 말하노니 여러 사람들이 그리스도의 십자가의 원수로 행하느니라 그들의 마침은 멸망이요 그들의 신은 배요 그 영광은 그들의 부끄러움에 있고 땅의 일을 생각하는 자라 그러나 우리의 시민권은 하늘에 있는지라 거기로부터 구원하는 자 곧 주 예수 그리스도를 기다리노니(빌 3:18-20).

우상 숭배자들은 땅의 일에 골몰한다. 그들의 신은 자신의 배다. 다시 말해 그들은 자신이 원하는 것을 자신이 원할 때 자신이 원하는 방식으로 행한다. 그들은 자신이 하고 싶어 하는 것이나 좋다고 느끼는 것에서 만족을 구한다.

반면, 바울은 빌립보 교인들에게 부르심에 합당한 삶과 그들의 머리 되신 분, 그리고 그들의 진정한 시민권을 기억하라고 당부한다. 요컨대 그는 그들의 정체성을 상기시킨다. 우리의 시민권이 세상에 속한 것이라면 세상적인 방식으로 사는 것이 자연스럽다. 그러나 우리의 시민권이 하늘에 있다면 세상적인 방식으로 사는 것은 무의미하다. 물질주의적이고 소비지향적인 이 세상에서 이방인이나 추방당한 자처럼 사는 것이 더 바람직하다.

이 세상이 전부인 것처럼 산다면, 녹슬고 썩어가는 것들에 소망을 두다면, 우리가 붙드는 것은 복음이 아니라 일시적인 보화일 뿐이다. 따라서 복음에 집중하는 한 가지 방법은 우리의 참된 시민권과 정체성을 끊임없이 상기하는 것이다. 우리는 그리스도와 연합된 사람들이다. 우리는 하나님 안에서 그분과 함께 감추어져 있다(골 3:3). 하늘 처소에서 그분과 함께 앉아 있다(엡 2:6).

그러므로 우리의 시민권을 기억하자. 우리의 정체성을 기억하자. '행위'는 '존재'에서 나오고, 삶의 방식은 자기 정체성에 대한 인식에서 비롯된다. 따라서 언제나 복음을 기억하는 것이 중요하다. 그리스도의 사역으로 인해 우리는 세상적인 것들을 숭배하는 악습에서 구원받았다. 하나님은 유일하고 참되시며, 그분 안에서 우리는 전적인 만족과 영원한 안전을 보장받는다.

날마다 복음에 집중하는 세 번째 방안은 바로 이 사실과 연관된다.

장차 얻을 것

바울은 주님의 재림을 "복스러운 소망"이라 부른다(딛 2:13). 그 이유가 무엇일까? 이생의 저편에 있는 위대한 상급은 자기부인의 힘든 삶을 사는 이들에게 열정적으로 그리스도를 좇아가게 하는 귀한 동기부여로 작용하기 때문이다. 빌립보서 3장 끝부분에서 바울은 바로 이 점을 강조한다.

그러나 우리의 시민권은 하늘에 있는지라 거기로부터 구원하는 자 곧 주 예수 그리스도를 기다리노니 그는 만물을 자기에게 복종하게 하실 수 있는 자의 역사로 우리의 낮은 몸을 자기 영광의 몸의 형체와 같이 변하게 하시리라(빌 3:20-21).

그리스도인은 앞으로 매진하면서도 기다림 속에 살고 있다. 우리는 예수 그리스도의 재림을 기다린다. 나태한 기다림이 아니라 소망 가득한 기대다. 그래서 우리는 주의 재림이 먼 훗날의 일일 수 있음을 주지하면서도 마치 임박한 것처럼 살아야 한다.

D. A. 카슨은 이렇게 말한다.

바울은 매우 강한 어조로 참된 그리스도인은 예수님의 재림의 빛 안에서 살아간다고 주장한다. 언제나 "아멘! 주 예수여, 오시옵소서."라는 자세를 견지한다. 요컨대 참된 그리스도인은 하늘을 준비한다. 그의 영원한 집과 진정한 시민권과 참된 운명이 거기 있기 때문이다. 그런 소망이 있었기에 바울은 모진 시련도 감내할 수 있었다. 우리가 세상에서 그리스도를 따르며 그분의 고난에 동참한다면 그분이 재림하실 때 그분의 영광에도 동참할 것이다.[11]

바울이 강조하고 싶었던 말은 마치 천국이 실제로 임박한 것처럼, 그리스도를 통해서, 그리고 그분 안에서 천국이 역사 속에 이미 도래

---

11) D. A. 카슨, *Basics for Believers*(Grand Rapids, MI: Baker, 1996), 93쪽.

하고 있는 것처럼 살아가야 한다는 것이다. 그렇게 사는 한 가지 방법은 우리 머리를 위로 향하고 우리 생각을 장래의 영광으로 가득 채우는 것이다.

요한계시록 15장 3절은 언제 봐도 흥미롭다. 우리 교회 성도들은 내가 이 본문을 자주 언급하는 것을 알고 있다. 우리가 하늘에서 모세의 노래를 부른다는 내용이다. 이 본문을 처음 접했을 때 나는 '왜 우리가 하늘에서 모세의 노래를 부르지?' 하고 의아했다. 교회에서도 그렇게 하지 않기 때문이다.

하지만 그 구절에 대해 줄곧 생각하던 중 나는 마침내 그 의미를 이해할 수 있는 단서를 잡게 되었다.

누가복음을 읽으면서였다. 예수께서 어느 바리새인의 집에서 식사하고 계실 때 한 여자가 들어섰다. 방 안에 있던 자들의 눈이 일제히 그녀에게 쏠렸다. 그녀는 방 안을 둘러보고 예수님을 보았다. 그러고는 흐느끼기 시작했다. 예수님의 발 앞에 앉아 향유 옥합을 열고 그분의 머리와 발에 향유를 부었다. 제자들과 바리새인들이 수군거렸다. "그가 만일 이 여자가 어떤 사람인지 알았다면 결코 자신을 만지게 하지 않았을 것이다."

그들의 생각을 아신 예수님이 이렇게 말씀하셨다. "왜 그런 말을 하느냐? 내가 들어왔을 때 너희는 발 씻을 물도 내놓지 않았다. 내 머리와 발에 기름도 바르지 않았다. 하지만 이 여자는 귀한 일을 했다" (저자 의역, 눅 7:44-48).

이 내용과 요한계시록 15장 3절이 연결된다. 예수님은 "온 천하에 어디서든지 복음이 전파되는 곳에는 이 여자가 행한 일도 말하여 그를 기억하리라"고 말씀하셨다(막 14:9).

그 일이 있은 지 약 2천 년이 지났다. 예수께서 말씀하셨듯이 지금 나도 그 이야기를 하고 있다. 우리 삶은 계속 이어지고 있다. 이 세상은 아직 끝나지 않았다.

언젠가 우리 모두 어린양의 혼인잔치 석상에 둘러앉아 새 포도주를 마시고 맛있는 음식을 먹으며 그리스도께서 행하신 모든 일을 찬미할 것이다. 그때 모세도 일어나 축배의 잔을 들고 이렇게 말할 것이다. "그리스도께서 이 일을 하셨고, 저 일을 하셨으며…." 자신과 자신의 세대에 보여주신 하나님의 신실하심을 하나하나 회상할 것이다. 그러면 거기 모인 무수한 성도가 잔을 들고 건배하며 함께 우렁찬 찬양을 올릴 것이다.

이어서 위대한 족장 아브라함이 일어나 하나님의 선하심을 회상하기 시작할 것이다. "그가 이 일을 하셨고, 저 일을 하셨으며…." 그 이야기들 중에는 우리가 아는 것도 있고 모르는 내용도 있겠지만, 아브라함은 하나님의 신실하심을 체험한 개인적인 기쁨을 회상할 것이다. 그러면 무리가 다시 큰 소리로 기뻐하며 찬양할 것이다.

내가 누구 옆에 앉을지 모른다. 하지만 나는 자유롭게 여기저기를 뛰어다니고 싶다. 나는 칼빈에게 장난을 걸고, 아우구스티누스와 포옹하며, 본회퍼와 하이파이브를 할 생각이다. 우리 모두 함께 건배할 것이다. 시간 제약이 없으므로 그 즐거움은 계속될 것이다. 부서진 죄인들에게 베푸신 하나님의 신실하신 은혜를 함께 나눌 것이다. 그들의 노래를 함께 부를 것이다.

누가복음 본문에서 밤의 여인으로 비쳤던 자가 천상에서는 그리스도 안에서 영광스러운 정체성을 얻은 존재로 모습을 드러낼 것이다. 그녀는 갈채 속에서 떨며 일어나 기쁨의 눈물을 흘리며 말할 것이다. "그분이 저로 하여금 그분의 발을 만지며 그분의 머리를 만지게 해주셨습니다. 그분이 사람들 앞에서 나를 영예롭게 하셨습니다."

우리가 '그날'을 위해 살아야 한다는 것이 과장된 생각일까?

현재의 역사가 더 전개되지 않을 때, 위대한 왕들이나 전쟁이나 정치적 책동이 존재하지 않을 때, 소중히 여길 민족의 역사들이 남아 있지 않을 때, 더 이상 화폐가 필요하지 않을 때, 강자와 약자의 차별이 존재하지 않을 때, 오직 위대하신 하나님에 관한 이야기만 남을 때, 모든 의가 회복될 때, 선교사와 은혜의 사역자들이 영웅으로 부각될 때, 그리고 우리 눈으로 그분을 직접 뵐 때⋯ 우리는 할 말을 잃을 것이다.

거기에 우리 마음이 고정되어야 한다. 그날을 간절히 고대하며 기다리자. 우리 눈을 하늘에 고정시키자. 그곳에 우리의 시민권이 안전하게 보존되어 있다. 지금도 우리는 영으로 그곳에서 그리스도와 연합되어 있다.

이미 얻은 것을 굳게 붙들자.

그것은 장차 우리가 얻을 것이기도 하다.

9.
성숙한 그리스도인은
주 안에서
항상 기뻐한다

•

주께서 가까우시니라(빌 4:5).

빌립보교회의 두 여자가 서로 대립한 것이 분명하다. 어떤 불화였는지 알 수 없지만, 빌립보서 4장은 바울이 서로의 이견을 제쳐두고 화해할 것을 당부하는 내용으로 시작된다. "내가 유오디아를 권하고 순두게를 권하노니 주 안에서 같은 마음을 품으라"(빌 4:2).

바울이 이런 당부를 하는 이유가 무엇일까? 지금까지 그는 진지하게 복음을 설명하고, 열정적으로 그리스도를 좇아가는 삶, 거룩한 불만과 은혜를 바탕으로 구원을 이루어가는 노력, 복음에 집중하는 것을 강조했다. 그리고 나서 유오디아와 순두게에게 화해할 것을 당부한다. 나머지 교인들에게 그들을 도울 것을 지시한다. "또 참으로 나와 멍에를 같이한 네게 구하노니 복음에 나와 함께 힘쓰던 저 여인들을 돕고 또한 글레멘드와 그 외에 나의 동역자들을 도우라 그 이름들이 생명책에 있느니라"(빌 4:3).

바울이 이처럼 모두가 함께 잘 지내는 일에 신경을 쓴 이유는 무엇일까?

분열된 교회는 증인의 역할을 전혀 하지 못하기 때문이다. 교회 내에서 분노, 알력, 불화, 적대감 등을 볼 때, 사람들은 그리스도를 외면한다. 이것이 가장 큰 문제다.

바울이 은혜 안에서 서로의 연합과 화목을 도모할 것을 당부한 또 다른 이유는 그렇게 할 때 참된 기쁨이 생기기 때문이다. 서로 간의 반목과 적의와 보복은 독선적인 자만심을 조성할 뿐이며 깊고 풍성한 기쁨을 앗아간다.

교인들이 복음 안에서 연합하여 함께 거하며 사랑 안에서 서로를 세워갈 때, 깊은 기쁨을 뿌리내리게 할 비옥한 토양이 조성된다.

바울은 그들에게 거짓된 행복을 느끼라고 말하지 않는다. 먼저 화해할 것을 당부한 후에 그에 따라 자연스럽게 반응할 것을 권면한다. "주 안에서 항상 기뻐하라 내가 다시 말하노니 기뻐하라"(빌 4:4).

이것이 매우 중요한 일이므로 바울은 두 차례 연거푸 당부한다. 잊지 않도록 거듭 강조하기 위해서다.

빌립보서 4장 4절에는 바울이 명하는 기쁨을 이해하도록 도와주는 두 가지 중요한 정보가 담겨 있다. 첫째, 우리가 "항상" 기뻐해야 한다는 것이다.

항상?

그렇다. **항상**이다.

이것은 교회의 규율을 지나치게 강조한 개념 아닌가? 실제로 이행하기에 너무 힘든 명령 아닌가?

내 아들 레이드가 만 한 살을 갓 넘긴 어느 날 나는 아내를 깜짝 놀라게 해주려고 대낮에 사무실을 나섰다. 집에서 점심을 먹을 생각이었다.

집에 도착했을 때 블로거인 아내는 새로운 포스팅을 하고 있었고, 레이드는 2층에서 낮잠을 자고 있었다. 아내는 자신의 글을 포스팅하기 전 나에게 읽어봐 달라고 부탁했다. 그래서 나는 아내의 글을 한 번 훑어보기 위해 책상에 앉았다. 그런데 거의 다 읽었을 무렵 2층에서 갑자기 어떤 소리가 들렸다.

레이드는 아직 아기침대에서 혼자 나올 수 있는 정도가 아니었다. 그것은 뭔가 잘못되었음을 직감케 하는 소리였다. 당신이 만일 부모라면 내 말 뜻을 알아차릴 것이다. 부모들은 아기의 울음소리나 뒤척이는 소리에 익숙하다. 그런데 그 순간에 들린 소리는 일상적인 소리가 아니었다.

나는 "저게 무슨 소리지?" 하고 말했다. 그러자 아내가 2층으로 향했다. 잠시 후 아내의 외마디 비명소리가 들렸다. 아이를 안고 허겁지겁 계단을 내려왔다. 아이는 파랗게 질려 경련을 일으키며 숨을 헐떡였다. 숨을 잘 쉬지 못하는 것 같았다.

나는 레이드를 받아서 바닥에 눕혔다. 아이의 이름을 부르며 그 상황에서 빨리 벗어나게 하려고 안간힘을 썼다. 아내는 911로 전화했다. 소방서는 우리 집에서 불과 한 블록 거리에 있었다. 아내가 전화하고 있는 사이에 이미 사이렌 소리가 들리기 시작했고, 구급차가 부리나케 우리 집으로 달려왔다.

나는 레이드를 옆으로 돌려 눕혔다. 아이가 살아 있는지 죽었는지 알 수 없었다. 구급대원들이 응급조치를 시작했다. 그런 후에 서둘러 레이드를 구급차에 태웠다.

그들이 우리 부부를 향해 "둘 중 한 분만 구급차에 탈 수 있어요."라고 말했다.

다른 가정의 경우는 모르겠지만 우리는 의논이고 뭐고 하지 않았다. 아내가 무작정 구급차로 들어갔다. 심지어 나를 돌아보지도 않았다. 구급대원들이 내게 "우리를 따라오세요."라고 말했다.

나는 곧장 달려가서 승용차에 올랐고, 구급대원들이 문을 닫고 출발했다. 나는 그들이 어느 병원으로 가는지 몰랐다. 급하게 차를 출발시켜 쫓아갔다. 1-2킬로미터 정도는 잘 따라갔다. 하지만 사이렌을 울리며 달리는 구급차와 달리 나는 그럴 수가 없었다. 그래서 얼마 지나지 않아 구급차를 놓쳐버렸다.

나는 내가 어디로 가고 있는지 몰랐다. 그들이 어디로 가고 있는지도 몰랐다. 아내는 휴대폰을 받지 않았다. 나의 한 살배기 아들이 어떻게 되는 건지 도무지 알 수 없었다. 그럴 때 기뻐할 수 있겠는가? 하나님은 바울을 통해 "모든 일이 잘 풀릴 때 기뻐하라"고 말씀하지 않으셨다. "항상 기뻐하라"고 말씀하셨다. "항상"은 우리 아들이 구급차에 실려 가는 그때까지도 포함한다.

"주 안에서 항상 기뻐하라. 내가 다시 말하노니 기뻐하라."

그럴 때 우리에게는 도움이 필요하지 않은가? 나는 항상 기뻐하고 싶지만 내 차가 신호에 걸린 동안 아들과 아내를 태운 구급차가 먼저 가버리고, 내가 어디로 가야 할지, 아들이 어떻게 될지 모르는 그 상황에서는 내게 도움이 필요했다. 그런 상황에서 어떻게 기뻐할 수 있겠는가?

그것이 날마다 일어나는 상황은 아니지만 누구에게나 닥칠 수 있는 실제 상황이다. 우리 중 누구든 그와 같이 심각한 응급 상황에 직면할 수 있다. 전화 한 통에 모든 것이 엉망진창으로 변해버릴 수도 있다. 우리가 당연시하던 정상적인 일상이 한순간에 바뀔 수 있다.

그런 순간에 어떻게 기뻐할 수 있을까?

감사하게도 하나님은 기뻐할 수 있다고 말씀하신다. 그분은 우리가 좌절하도록 내버려두지 않으신다.

전적으로 온당한 기쁨

성숙한 그리스도인은 주 안에서 항상 기뻐한다. 유오디아와 순두게의 갈등을 기쁨과 연결시킨 것이 놀랍듯이, 항상 기뻐함(시련과 극심한 곤경, 심지어 죽음에 직면해도)을 **'온당함'**(reasonableness, 개역개정 성경은 "관용"으로 번역함-역주)과 연결시킨 것도 놀랍다.

바울은 "너희 온당함(관용)을 모든 사람에게 알게 하라"고 말한다(빌 4:5). 하지만 나는 여전히 도움이 필요하다. 아들을 실은 구급차를 놓친 날에는 '온당함'이란 말을 받아들이기 힘들었기 때문이다. 그 순간 나는 온당하게(합리적으로) 행동할 수 없었다. 제정신이 아니었다. 마음이 무너져 내리고 있었다. 혼란과 공포, 패닉 상태였다. 내게는 온당함이 전혀 없었다.

하지만 이 온당함(혹은 관용)은 내 상황에 근거하는 것이 아니다. 결코 그렇지 않다. 바울이 "주 안에서 항상 기뻐하라"고 말할 수 있었던 것도 바로 그 때문이다. 그가 우리에게서 드러나길 원하는 온당함은 이어지는 문구에 근거한다. 그 맥락은 다음과 같다.

"너희 온당함(관용)을 모든 사람에게 알게 하라"(빌 4:5).

그 이유는?

"주께서 가까우시기"(The Lord is at hand) 때문이다(빌 4:5).

성숙한 그리스도인들은 왜 주 안에서 항상 기뻐할까? 그들이 어떤 상황에서도 온당하게 행할 수 있는 것은 주께서 항상 가까이 계시기 때문이다.

성숙한 그리스도인들은 늘 가까이 계시는 주님을 믿고 찬양하는 자세로 살아간다.

'송영'을 뜻하는 영어 'doxology'는 기본적으로 두 개의 헬라어 '독사'(doxa)와 '로고스'(logos)에서 유래했다. '독사'는 '신념'(믿음)을 뜻하고 '로고스'는 '말(들)'을 뜻한다. 따라서 문자적으로 doxology는 '신념의 말들'을 의미하지만, 예배 표현으로는 '신앙고백적인 찬양'을 가리키는 말로 사용된다. 또한 신약성경에서 '독사'는 '영광'과도 비슷한 뜻을 나타낸다. 그러므로 예배 끝부분에서 부르는 송영은 교리적 진리를 표현하는 찬양의 노래로 하나님께 영광을 돌리는 것이다. 가장 유명한 송영은 '영광송'이다.

만복의 근원 하나님,

온 백성 찬송 드리고,

저 천사여 찬송하세.

찬송 성부, 성자, 성령.

아멘(새찬송가 1장).

이 송영은 하나님에 관한 중요한 교리적 진리를 고백하는 찬양이다. 그분은 만복의 근원이시며, 모든 피조물의 창조주시고, 삼위일체 하나님이시다.

이 같은 송영을 성경에서도 발견할 수 있다. 로마서 11장 33-36절이 한 예다. 바울이 성령에 의해 자신에게 계시된 심오한 신학적 진리들의 개요를 설명하면서 찬양을 발한 것은 의외의 일이 아니다. 신학의 목적이 바로 찬양이며 **예배**다. 그리스도 안에서 하나님을 예배하도록 이끌지 않는 신학은 무의미하다.

예레미야 32장에서 선지자 예레미야는 감옥에 있다. 나는 감옥에 갇힌 사람이나 죽음이 임박한 사람에 관해 말하거나 쓰는 것을 좋아한다. 예수님을 따르는 삶이 세상적인 부귀나 건강을 보장받는 것이 아니며, 도리어 고난을 동반하는 경우가 많다. 예레미야의 경우가 그랬다. 그는 훗날의 바울처럼 하나님께 받은 모든 말씀을 전했다. 하나님의 지시에 모두 순종했는데도 같은 민족에 의해 투옥되었다. 갈대아인들이 예루살렘을 함락시키기 직전에 있었던 일이다.

예레미야는 "회개하라. 주께로 돌이키라. 그러지 않으면 갈대아인들이 이곳을 불태울 것이다."라고 말했다. 이런 질책과 경고를 반복했다. 그러자 그런 말이 듣기 싫었던 이스라엘 지도자들이 그를 투옥했다.

신실한 예레미야는 감옥에 있었고, 갈대아인들은 예루살렘 성벽까지 접근했다. 결국 예언대로 예루살렘이 함락되고, 예레미야를 투옥한 자들(그의 회개 메시지에 귀 기울이지 않은 자들)은 포로로 잡혀갔다.

예레미야 32장 17절에서 예레미야는 이렇게 고한다. "슬프도소이다. 주 여호와여 주께서 큰 능력과 펴신 팔로 천지를 지으셨사오니, 주에게는 할 수 없는 일이 없으시니이다."

그는 무서운 곳에 갇혀 있었지만 눈앞의 상황이 아닌 하나님께 자신의 눈을 고정시켰다. 우리 중에 예레미야만큼 힘든 상황에 처한 사람은 극히 드물 것이다. 그러나 그는 자신을 보지 않고 하나님을 바라보았다. "천지를 지으신 주께는 능치 못할 일이 없나이다."라고 찬양했다. 그는 기뻐하고 있었다. 믿음의 송영을 올렸다.

하나님의 섭리

그의 확신은 어디서 비롯되었을까? 분명히 자신의 주변 상황에서 비롯된 것은 아니다. 그는 자애로우신 주 하나님의 주권적 능력과 거룩하신 공의를 신뢰했다. 선지자의 기도는 계속된다.

주는 은혜를 천만인에게 베푸시며 아버지의 죄악을 그 후손의 품에 갚으시오니 크고 능력 있으신 하나님이시요 이름은 만군의 여호와시니이다 주는 책략에 크시며 하시는 일에 능하시며 인류의 모든 길을 주목하시며 그의 길과 그의 행위의 열매대로 보응하시나이다 주께서 애굽 땅에서 표적과 기사를 행하셨고 오늘까지도 이스라엘과 인류 가운데 그와 같이 행하사 주의 이름을 오늘과 같이 되게 하셨나이다 주께서 표적과 기사와 강한 손과 펴신 팔과 큰 두려움으로 주의 백성 이스라엘을 애굽 땅에서 인도하여 내시고 그들에게 주시기로 그 조상들에게 맹세하신 바 젖과 꿀이 흐르는 땅을 그들에게 주셨으므로(렘 32:18-22).

하나님을 높이는 것이 예레미야의 기쁨이었다. 그는 모든 능력과 권세와 주권을 하나님께 돌렸다. 이스라엘 백성들이 예레미야를 투옥하고 갈대아인들이 그를 붙잡아 갈 수 있었지만 하나님이 보좌에 계셨다. 모든 것이 그분의 주권적 통제 아래 있었다. 그는 하나님의 통치가 미치지 않는 곳이 우주 안에 단 한 곳도 없음을 인식하고 있었다. 모든 것이 하나님의 것이다.

모든 것이 하나님의 것이므로, 하나님이 하고자 하시는 일을 그 누구도 중단시킬 수 없다. 예를 들어 만일 하나님께서 내 생명을 원하신다면 내가 아무리 건강에 좋은 음식을 먹으며 운동에 열중한들 무슨 소용이 있겠는가? 꾸준히 섭생과 운동에 신경 쓰는데도 불과 삼십 대에 죽음을 맞는 사람이 있다. 모든 것이 그분의 손에 달렸다.

이와 관련하여 내가 가장 좋아하는 성경구절은 "삼림의 짐승들과 뭇 산의 가축이 다 내 것이며"(시 50:10) 같은 문구가 아니다. 나는 도회지 사람이라 가축에 익숙하지 않기 때문이다. 그보다는 신명기 10장 14절을 더 좋아한다. "하늘과 모든 하늘의 하늘과 땅과 그 위의 만물은 본래 네 하나님 여호와께 속한 것이로되."

나는 이 구절이 정말 좋다. 허블 우주망원경으로 아름다운 별들을 본 적이 있다면 이 구절이 더욱 실감나게 다가올 것이다.

하나님은 무한히 부유하시다.

존재하는 모든 것이 그분의 것일 뿐 아니라 그분은 자신의 원대로 무로부터 무엇이든, 언제든 더 만드실 수 있다. 또한 그 모든 것을 자신의 능력으로 존속시키신다.

하나님은 말씀으로 하늘의 별들을 만드셨다. 별들은 하나님의 '하나님 되심'을 우리에게 줄곧 상기시키고 있다. 지구가 시간당 몇 킬로미터만 더 늦거나 빠르게 자전해도 우리는 살아남지 못할 것이다. 태양의 온도가 달라진다면 지구상의 생명체는 존재하기 힘들 것이다.

생명 존속을 위해서는 수없이 많은 조건이 맞아야 한다. 인체 구조만 해도 참으로 복잡하다. 인체를 연구하는 과학자나 의사들은 줄곧 미궁에 빠진 듯한 느낌을 받는다. 통계학과 정규분포곡선이 생겨난 것도 그 때문이다. 과학자나 의사들은 자신이 지닌 데이터에 근거하여 짐작할 뿐이다. 그들은 인체를 연구하기 위해 해부를 거듭한다.

그러나 지속적으로 작동하는 인체 기능은 전문가들로 하여금 "말도 안 돼, 어떻게 저런 일이…." 하고 감탄하게 만든다. 다음에 병원에 갈 일이 있으면 의사에게 인체의 신비에 대해 물어보라. 아무리 유능한 의사라도 자신이 이해할 수 없는 부분이 매우 많음을 인정할 것이다. 인체만 해도 그러한데 우주는 어떠한가? 생태계는 어떠한가? 대양은 어떠한가? 바닷물이 짜다는 사실은 어떠한가? 이 모든 것은 하나님의 하나님 되심을 보여주는 사례들이다.

성경은 우리의 생명을 아침에 생겼다가 오전에 사라지는 안개에 비유한다. 그런 존재가 만유의 하나님을 자세히 살필 수 있겠는가?

우리는 하나님의 하나님 되심을 **섭리**에서도 엿볼 수 있다. 여기서 나는 '섭리'를 하나님의 통치라는 측면에서 언급하려 한다.

언젠가 아내가 올랜도에서 열리는 어느 협의회의 강연을 위해 토요일 아침 일찍 비행기를 타야 했다. 그래서 나도 일찌감치 일어나 아내를 공항에 데려다주고 아이들을 돌보기 위해 집으로 향했다. 그런데 아내에게 전화가 왔다. 처음에는 아내가 비행기에 탑승하여 "도착하면 전화할게요."라고 말하려는 줄 알았다. 하지만 아내는 울고 있었다.

어이없게도 아내의 가방은 이미 비행기에 실렸지만 아내는 탑승하지 못했다. 항공사가 그날 올랜도행 비행기 좌석 예약을 너무 많이 받았기 때문이다. 아내의 탑승 대기번호는 40번이었다. 항공사에서는 좌석 양보자들에게 500달러 할인권을 주겠다고 했다. 항공사에 전화하여 무슨 방법이라도 찾아보려 애썼지만 그들은 죄송하다는 말만 되풀이했다.

아내는 계속 울고 있었고 나로서는 아무런 도움을 줄 수 없었다. '아내를 위로해야 하나? 가만히 혼자 있게 해야 하나?' 아내는 잔뜩 화가 난 채로 탑승구 앞에 서 있었다.

그때 한 여자가 아내에게 말했다. "괜찮으세요?" 아내가 대답했다. "올랜도에서 열리는 의회에 참석해야 하는데…. 사람들이 나를 기다리고 있어요. 이 시대의 평안이 되시는 하나님에 관해 강연할 계획이었는데 말이죠. 그러나 제시간에 가긴 글렀어요. 남편이 나를 데리러 오고 있어요. 정말 속상해요. 주께서 나를 그곳에 보내시는 걸로 생각했는데…."

그 여자는 로렌에게 그 강연 내용을 이야기해 달라고 부탁했다. 로렌은 하나님이 주시는 평안에 대해, 하나님이 얼마나 신실하신지에 대해 우리 부부 이야기를 곁들여 이야기하기 시작했다. 그녀는 눈물을 흘리며 들었다. 그녀는 하나님께 버림받고 실패한 인생을 살아가고 있다고 생각해왔었다. A26번 탑승구 앞에서, 그렇게 하나님은 그 여자에게 자신의 사랑을 계시하셨다.

이것이 섭리다! 우리가 막다른 골목에 몰려 낙심하는 순간에도 하나님은 그 순간을 그 여자에게 자신의 사랑을 계시하는 방편으로 활용하셨다.

> 그때에 여호와의 말씀이 예레미야에게 임하여 이르시되 나는 여호와요 모든 육체의 하나님이라 내게 할 수 없는 일이 있겠느냐(렘 32:26-27).

기쁨을 선택하는 노력

구급차가 내 시야에서 사라진 그날, 나는 하나님을 의지했다. 그분께 너무 힘든 일이란 존재하지 않는다. 그분의 사랑과 주권은 실재다. 좌절감이 몰려올 때, 나는 하나님께 능치 못한 일이 없다는 사실을 붙들었다. 성숙한 그리스도인이 '온당할' 수 있는 것도 이 때문이다. 내가 부딪힌 것과 같은 절망적인 상황에서도 바울은 "주께서 가까우시니라"고 말했다. 우주의 하나님, 나를 구원하신 하나님은 그런 순간에도 전혀 무기력하지 않으시며 놀라거나 당황하지도 않으신다.

그제야 어떻게 할지를 생각해내지도 않으신다. 성경의 하나님은 사고 후에 나타나서 수습하려 애쓰는 분이 아니다. 그분은 언제나 현장에 계신다. 모든 것을 다 알고 계신다.

그날도 주님은 가까이 계셨다. 내 아들의 생명을 구하는 것도 그분께는 어려운 일이 아니었다. 나는 아들을 그분께 맡겨야 했다. 레이드는 그분의 것이다. 아내도, 내 딸도, 나 자신도 그분의 것이다.

그때 나는 이렇게 기도했다. "주여, 이 순간에도 주 안에서 기뻐하도록 도와주세요. 주님이 모든 것을 주관하고 계심을 믿습니다. 주께서 저를 사랑하심을 믿습니다. 제 가족을 사랑하심을 믿습니다. 주께서 하시려는 일이 무엇인지 알 수 없지만 주님과 함께라면 아무것도 염려할 것이 없음을 믿도록 도와주세요."

모든 상황에서 기쁨을 추구하는 그 순간의 기도는 욥이나 여호사밧의 기도와 비슷했다. "그가 나를 죽이실지라도 나는 그를 의뢰하리니"(욥 13:15). "우리가 대적할 능력이 없고 어떻게 할 줄도 알지 못하옵고 오직 주만 바라보나이다"(대하 20:12).

여기서 솔직해져야 한다. 내가 차에 앉아서 바보처럼 싱글거리면서 이렇게 말한 것은 아니다. "주님이 여기 계시니 기뻐. 이건 근사한 일이야! 주 안에서 항상 기뻐하라!"

그런 일은 없었다. 그런 식의 신학을 온당하다 할 수는 없을 것이다. 우리는 끔찍한 일을 행복해하면서 하나님께 영광을 돌릴 수는 없다. 다만 가장 극심한 고통 가운데서도 여전히 다음과 같이 말할 수 있을 때 그분이 영광을 받으신다. "저는 주를 신뢰합니다. 도와주소서. 제 심장이 멈출 것 같습니다. 도와주소서! 제 아들은 주의 것입니다. 그의 영혼은 주의 것입니다. 그의 생명은 주의 것입니다. 주의 선하신 일을 위해 주께서 아들을 제게 맡기셨습니다. 그는 주의 것이므로 주께서 데려가실 수도 있습니다…. 그렇지만 저는 아들을 곁에 두고 싶습니다."

내 친구 저드 윌하이트는 때로 우리가 기쁨을 얻기 위해 싸워야 함을 상기시킨다.

어떤 그리스도인들은 쉽게 기쁨을 얻는다. 그런가 하면 행복과 기쁨을 찾기 위해 엄청난 노력을 기울여야 하는 이도 많다. 당신이 상심한 상태라면 하나님 안에 있는 기쁨을 찾기 위해 이를 악물고 싸우라. 성경에 따르면 기쁨은 자연스럽게 임하기도 하지만 우리가 선택하는 것이기도 하다. 성경은 초지일관 기뻐하라고 명한다. 빌립보서 4장 4절이 한 예다.

그러려면 어떻게 해야 할까? 세상이 무너지는 것 같을 때 어떻게 기쁨을 택할 수 있을까? 더욱이 어떻게 기쁨으로 가득할 수 있을까? 어떻게 적극적으로 기쁨을 선택할 수 있을까?

우리는 모든 것을 하나님께 맡기고 그분을 신뢰함으로써 충만한 기쁨을 경험할 수 있다. 우리의 기쁨을 충만하게 할 수 있는 분은 오직 성령이시지만, 성령의 도구로 가장 잘 사용될 수 있도록 준비하는 것은 우리 몫이다.[12]

---

[12] 저드 윌하이트, *Torn* (Colorado Springs: Multnomah, 2011), 148-49쪽.

고통과 시련, 스트레스와 공포 가운데서 나는 하나님께 이렇게 기도하고 싶다. "이 상황에서 주께서 무엇을 원하시는지 제게 보여주소서." 나는 하나님을 신뢰하고 싶다. 신뢰란 황폐한 상태에서도 여전히 견지할 수 있는 그 무엇이다.

우주의 하나님이 지체하지 않고 모든 것을 주관하신다는 사실을 아는 것, 이것이 나를 온당하게 한다. 그분은 내 차 안에 함께 계셨다. 구급차 안에 레이드와 함께 계셨다. 그래서 나는 기뻐할 수 있었다.

결과적으로 아들은 무사했다. 그러나 기뻐하기 힘든 순간에 직면하면 나는 그 고통스럽고 절망적이었던 날로 되돌아간다. 그리고 그 구급차 안에서 내 아들과 함께 계셨던 주님을 본다. 내 아내를 돌보고 진정시키며, 아내에게 평안을 주신 주님을 본다. 무한한 능력으로 그 구급차를 채우던 그분의 영광을 본다. 그 결과가 어떠하든, 나는 그 순간을 온전히 이끄시는 사랑의 하나님을 보았다. 당신도 그렇게 되기를 바란다.

나 역시 상실과 슬픔을 당할 때가 있다. 독자들 중에는 이 책을 붙들 힘조차 없을 정도인 사람도 있을 것이다. 그런 상처와 곤경에서 하나님이 구원해 주시기를 바라 마지않는다. 어쩌면 당신은 하나님께 버림받은 것 같은 상황에서 구원해 주시기를 간구할 수도 있다. 혹은 당신의 고통과 의심을 하나님께 토로할 수도 있다. "너희 염려를 다 주께 맡기라 이는 그가 너희를 돌보심이라"(벧전 5:7). 그렇게 하는 것은 전적으로 온당한 일이다.

10.
주님과 함께라면 아무것도 염려할 것이 없다

·

너희는 내게 배우고 받고 듣고 본 바를 행하라
그리하면 평강의 하나님이 너희와 함께 계시리라(빌 4:9).

내가 빌리지교회에 처음 도착했을 때, 사람들은 그곳을 '하일랜드 빌리지 제일감리교회'라고 불렀다. 교인들은 주님을 사랑했고, 영혼 구원과 교회 성장에 열의를 보였다. 그럼에도 당장 해결해야 할 문제들이 있었고, 하나님이 곧바로 큰일을 시작하셨다.

우리 교회 활성화 작업의 첫 동역자들 가운데 한 분은 60대 후반의 델 스틸이라는 교인이었다. 나는 그처럼 노인이 많고 쇠퇴해가는 교회에 가서 이런 식으로 말하고 싶지 않았다. "노인 분들은 잠잠히 물러나 계세요. 새로 할 일이 많거든요." 이런 말은 죽어가는 교회를 재건하는 데 아무 도움이 되지 않는다. 그래서 나는 초창기에 델과 마주앉아 이렇게 말했다. "교우님, 교우님의 도움이 필요합니다. 저를 도와주실 수 있습니까?"

그러자 델이 나를 가만히 쳐다보며 말했.

"목사님들이 하나님의 말씀을 전하고 사람들이 구원을 받는다면, 나는 목사님들이 하시는 일에 관여하지 않을 겁니다. 바꿀 필요가 있다면 무엇이든 바꾸세요."

우리는 그렇게 했다. 우리는 하나님의 말씀을 전했고, 하나님은 사람들을 구원하셨다.

우리는 음악을 바꾸었다. 오래되고 비효율적인 프로그램들을 새로운 것으로 교체했다. 교회 관리를 맡기기 위해 원로회를 조직했다. 델이 원로회 회장을 맡았다.

원로회 모임이 끝나가던 어느 날 밤을 나는 결코 잊지 못할 것이다. 그때 델이 말했다. "여러분, 제게 문제가 좀 생겼어요. 병원에 가서 정밀 진단을 받아봐야 할 것 같습니다." 원로회가 끝나자마자 나는 다른 몇몇 교인과 함께 델을 만났다. 그는 암에 걸렸다고 말했다. 이미 많이 악화된 상태여서 기적이 일어나지 않는 한 사형을 선고받은 것이나 다름없다고 했다.

그 소식을 들은 이후부터 나는 델과 함께했다. 항암제 치료와 방사선 치료를 받는 과정을 지켜보았고, 함께 눈물로 기도했다. 주께서 본향으로 그를 부르시는 순간에도 나는 그의 곁에 있었다. 이 모든 과정에서 인간의 이해를 넘어선 하나님의 평강이 그의 마음과 생각을 가득 채웠다. 그는 아내와 자녀와 손주, 그리고 나와 교회를 걱정하지 않았다. 다른 어떤 것에도 전혀 스트레스를 받지 않았다. 그를 통해 나는 모든 이해를 넘어선 하나님의 평강으로 가득한 채 평안히 죽어가는 사람을 보았다.

모든 자연인은 죽음을 원치 않는다. 자연인이 죽음에 저항하는 것은 당연하다. 죽음 이후의 일을 두려워한다. 자연인은 자신의 아내에게 무슨 일이 일어날지, 자녀에게 무슨 일이 일어날지 우려한다. 죽음이 임박함을 느낄 때 자연인은 이 세상을 떠나는 것을 두려워하며 자신과 뒤에 남겨질 가족에게 일어날 일을 염려한다.

그러나 델은 그렇게 죽지 않았다. 그는 '하나님이 나를 구원하기 원하시면 그러실 수 있다. 나를 데려가기 원하신다면 나는 그 뜻을 따를 것이다.'라고 생각했다. 그가 모든 것에 그토록 평온할 수 있다는 사실에 나는 깊은 감명을 받았다. 그것은 '결연한 평안'이었다.

조 돈(Joe Thorn)은 '시련 잘 감당하기'에 관해 쓴 글에서 그와 같은 결연한 평안의 근거들을 제시한다.

> 하나님은 우리 삶에서 곤경과 어려움을 제거해 줄 것을 약속하지 않으신다. 그러나 시련을 잘 감당하기 위해 필요한 은혜를 베푸시며, 그 은혜를 통해 복음의 부요함과 아름다움을 발견하게 하신다. 고통에서 놓여나게 해달라는 간구도 나쁘지 않지만 고통 가운데서도 그런 경험이 하나님의 영광과 우리의 유익을 위해 작용하게 하신다, 그런 상황을 우리 믿음을 온전케 하고 우리 심령을 강건케 하며, 예수님을 더 닮아가는 방향으로 우리 삶을 변화시키는 방편으로 사용하신다는 하나님의 약속을 신뢰하는 것이 더 중요하다.[13]

그렇다. 우리는 우리의 시련을 통해 그분의 시련에 참여하여 예수님을 닮아간다. 예수님을 우리의 최상의 보화와 기쁨과 소망으로 신실하게 붙들어 그분을 닮아간다. 우리 교회의 델이 자신의 시련과 죽음을 통해 이 신실함을 보여주었다. 그는 빌립보서 1장 21절을 실천했다. "내게 사는 것이 그리스도니 죽는 것도 유익함이라."

---

[13] 조 돈, *Note to Self*(Wheaton, IL: Crossway, 2011), 127쪽.

염려에 대한 올바른 태도

성숙한 신앙인은 항상 기뻐한다. 빌립보서 4장 4-5절은 자연스럽게 6절로 이어진다. 기쁨과 염려는 공존할 수 없기 때문이다. 바울은 "아무것도 염려하지 말라"고 말한다(빌 4:6). 만일 우리가 기뻐하는 데 바쁘다면 염려할 틈이 없을 것이다.

빌립보서의 보다 긴 문맥은 '대체 염려할 것이 무엇인가?'라는 수사의문문을 제시한다. 피조 세계에서 하나님이 부재하거나 주관하지 않으시는 곳은 하나도 없다. 우리가 하나님이 미래를 아심은 물론 거기 계신다는 사실을 명심한다면, 그분이 과거와 현재와 미래를 알 뿐 아니라 시간을 초월하여 모든 시간을 주관하심을 믿는다면 무엇을 염려하겠는가!

솔직하게 자신의 삶을 들여다본다면 하나님이 우리를 실망시키신 적이 없음을 인정할 것이다. 하나님은 결코 우리를 버려두지 않으신다. 늘 우리가 원하는 대로 주시거나 우리 삶을 우리 바람대로 전개시키시는 건 아니지만, 우리를 향한 그분의 섭리는 결코 우리를 실망시키지 않는다.

때로는 우리가 하나님에게서 멀어졌다고 느낄 수 있지만, 그분은 결코 우리를 버리지 않으신다. 결코 우리를 포기하지 않으신다. 우리는 언제나 그분의 사랑과 주권적인 돌보심 안에 있다.

그러므로 설령 전화기에서 최악의 소식이 들려온다 해도 우리는 염려할 필요가 없다.

두려움과 고통은 염려와 다르다. 두려움은 연약한 인생에 찾아오는 자연스러운 감정이며, 고통 역시 자연스럽다. 그러나 염려는 불신을 선택한 결과다.

염려는 아무런 도움이 되지 않으며, 우리에게 직면된 문제를 하나도 해결해주지 못한다. "아무것도 염려하지 말라." 예수님도 이렇게 당부하셨다. "너희 중에 누가 염려함으로 그 키를 한 자라도 더할 수 있겠느냐"(마 6:27).

물론 염려하지 않는 것은 매우 힘든 일이다. 염려하지 말아야 함을 알면서도 염려하는 경우가 많다.

비행기 여행을 할 때 나는 갑자기 공중에 떠 있다는 생각을 떠올린다. 염려하지 않기란 쉽지 않다. 내게는 딸들이 있는데 주변의 모든 남자아이가 불량배로 보인다.

이와 같이 특정한 일에 대해 염려하지 않기란 무척 힘들다는 점을 우리 모두 솔직히 시인해야 할 것이다.

마이클 켈리의 두 살짜리 아들 조슈아가 2006년에 백혈병 진단을 받았다. 마이클은 조슈아의 투병과 관련된 가족의 신앙 여정을 『수요일에는 늘 그랬다』(Wednesdays Were Pretty Normal)라는 책에 담았다. 거기서 그는 염려에 대해 다음과 같이 말한다.

나는 염려하는 아빠였고, 그 점이 께름칙했다. 그리스도인은 염려하지 말아야 한다. 염려는 나쁜 것이다. 예수님은 옷이나 음식 따위로 염려하지 말 것을 당부하셨다. 하나님이 우리에게 모든 것을 공급해 주시기 때문이다. 바울은 빌립보서 4장 6절에서 염려에 대한 그리스도인의 올바른 태도를 가르친다. "아무것도 염려하지 말고 다만 모든 일에 기도와 간구로, 너희 구할 것을 감사함으로 하나님께 아뢰라." … 이는 염려할 일이 아예 없음을 뜻하지 않는다. 사실 우리에게는 염려할 것이 많다. 어떤 면에서 염려하는 것과 준비하는 것은 별 차이가 없다. 염려는 책임감과 결부된 것 아닌가? 퇴직 계획을 세우지 말아야 하는가? 생명보험을 들지 말아야 하는가? 장래를 생각하지 말아야 하는가? 책임과 염려의 경계선은 어디인가? 하나님이 우리의 염려에 그토록 관심을 보이시는 이유는 무엇일까? … 외줄타기처럼 위태한 이 시대에 우리가 장래를 염려하지 않고 산다는 것은 하나님을 향한 신뢰를 입증하는 셈이다. 우리가 장래에 대해 안달하지 않는 이유는 그것이 하나님의 손 안에 있기 때문이다. 우리가 근심으로 손을 쥐어틀지 않는 것은 하나님의 인도하심을 믿기 때문이다. 이 같은 확신은 안전망 없는 삶과는 다르다.[14]

마이클의 글은 신앙공동체 내에서의 믿음의 교류와 제자화의 필요성을 상기시키는 내용이기도 하다. 염려하는 그리스도인은 위로의 하나님을 제대로 증언하지 못한다. 그러나 염려하지 않는 삶에는 신앙의 땀방울이 필요하다. 계속해서 바울은 염려에 대한 대책을 제시한다.

---

[14] 마이클 켈리, *Wednesdays Were Pretty Normal*(Nashville: Broadman and Holman, 2012), 208-9쪽.

염려에 대항하는 훈련

성숙한 신자는 염려를 어떻게 처리하는가?

앞에서 바울은 "주께서 가까우심"을 기억하라고 했다(빌 4:5 참조). 이것이 가장 중요한 첫 번째 단계다. 하나님이 언제나 곁에 계신다. 우리는 믿음으로 그리스도와 연합되었다. 그러므로 그분과의 신비한 연합을 누리자. 성령이 우리 안에 거하시므로 그분과 지속적인 교제를 나눌 수 있다. 하나님은 우리에게서 멀리 계시지 않으며(행 17:27), 특히 상심한 자들 곁에 가까이 계신다(시 34:18). 따라서 자애로우신 하나님의 무소부재하심은 염려를 물리치는 강력한 무기이자 엄청난 격려가 된다.

그렇다면 어떻게 하나님의 임재에 몰두할 수 있을까? 바울은 성숙한 그리스도인이 염려 대신 해야 할 일을 이렇게 밝힌다. "아무것도 염려하지 말고 다만 모든 일에 기도와 간구로, 너희 구할 것을 감사함으로 하나님께 아뢰라"(빌 4:6).

기도는 훈련이다. 우리는 염려를 하나님께로 가져간다. 바울은 이같은 기도를 "간구"라 지칭한다. 즉 염려에 대항하는 훈련은 간구 훈련이고, 간구는 "도와주소서!"라는 기도다.

여기서 우리는 원점으로 돌아가고 있다. 우리는 낮아짐과 겸손, 그리고 하나님을 향한 경외를 독려하는 내용으로 빌립보서 탐구를 시작했다. 이것은 간구에 합당한 자세다. "주여, 도와주소서! 주여, 긍휼을 베푸소서!"

사실 기도와 염려는 비슷하다. 둘 다 어떤 상황을 생각으로나 정서적으로 곰곰이 되씹으며 숙고한다. 그러나 염려에는 관계성이 없다. 그것을 받아주는 상대가 없다. 마치 바퀴를 공회전시키는 것과 같다. 흔들의자에 앉아서 여행하려는 것과 같다.

반면 기도할 때 우리는 염려를 하나님 앞에 가져간다. 염려를 그분께 맡긴다. "기도하라. 하나님께서 염려하시게 하라"고 한 마르틴 루터의 말은 바로 그런 뜻이다.

겟세마네 동산에서 예수님이 하신 기도는 이런 간구의 가장 좋은 예다. 임박한 체포와 고문과 처형에 직면하여 예수님은 몹시 상심하여 피땀을 흘리며 기도하셨다. 하나님이자 사람이신 예수님이 두려워 떨면서 "아버지여, 만일 할 만하시거든 이 잔을 내게서 지나가게 하옵소서."라고 간구하셨다. 그리고 "그러나 나의 원대로 마시옵고 아버지의 원대로 하옵소서."(마 26:39)라고 덧붙이셨다. 하나님께 염려를 맡김으로써 염려하지 말라는 명령에 순종하셨다.

그러나 간구가 근심을 몰아내는 유일한 기도인 것은 아니다.

염려의 크립토나이트

바울은 하나님께 올리는 우리의 탄원이 '감사'를 동반해야 한다고 말한다. 이 감사는 일종의 겸손이다. "주여, 내 기도를 들어주시니 감사합니다." 하나님께서 우리의 기도를 듣고 관심을 기울이심에 대한 감사다. 우리가 바라는 대로 기도가 응답되었는지 여부와 상관없이,

기도에는 이 같은 감사의 마음이 수반되어야 한다. 레이드에게 무서운 일이 닥친 그날 결말이 어떻게 되는지 보기 전까지, 혹은 레이드가 무사한 것을 보기 전까지 감사를 보류했다면 감사하는 마음으로 간구를 드릴 수 없었을 것이다. 물론 레이드가 무사한 것은 정말 감사하다. 그러나 성숙한 신앙을 판가름하는 진정한 시금석은 최악의 상황에서도 감사할 준비가 되어 있는지 여부다. 하나님이 우리 아들을 데려가셨을지라도 과연 우리는 감사로 하나님의 임재 안으로 들어가고, 찬양으로 그의 궁정에 들어갈 수 있었을까?

물론 상실 자체를 감사하라는 것은 아니다. 여기서 말하는 감사는 하나님이 선하시며 선을 행하심을 믿음으로 인한 감사다. 주는 이도, 데려가는 이도 하나님이시므로 그의 이름이 언제나 찬양을 받으셔야 한다. 이것을 바울은 "모든 일에"라고 말한다. "모든 일에 기도와 간구로, 너희 구할 것을 감사함으로 하나님께 아뢰라"(빌 4:6).

우리는 염려가 차지하는 공간을 "도와주소서."라는 겸손한 기도로 채워야 한다. 이 기도는 하나님의 선하심, 선물, 그리고 궁극적 선물인 복음에 대한 감사로 가득하다. 복음은 난공불락의 기쁨을 위한 기반이다. 복음이 진실하다면, 그것을 믿는 모든 이로 하여금 영원한 안정감을 갖게 할 것이다. 그것은 "모든 일에" 감사하게 하는 원천이다.

따라서 감사와 염려는 공존할 수 없다. 감사는 염려의 크립토나이트(슈퍼맨 이야기에 나오는 크립톤 행성의 암석. 이것이 있으면 슈퍼맨의 초능력이 사라진다-역주)다. 감사하는 사람은 염려하지 않는다.

마치 불이 켜지면 바퀴벌레가 달아나듯, 간구와 감사로 하나님께 나아갈 때 우리의 염려와 근심은 사라진다. 다른 어떤 것이 이들을 대신한다. "그리하면 모든 지각에 뛰어난 하나님의 평강이 그리스도 예수 안에서 너희 마음과 생각을 지키시리라"(빌 4:7).

이제 바울은 신자의 정서적 상태에서 정신적 상태로 관심을 돌린다. 그렇게 해서 이 두 상태가 불가분적임을 알려준다.

교회 안에서 종종 감정을 중시하는 사람들과 생각을 중시하는 사람들로 나뉘는 경우가 있다.

전자는 이렇게 생각한다. '사랑하기만 하면 되는 것 아닌가? 왜 이런 교리 따위에 연연해야 하지? 단지 예수님을 사랑하기만 하자.' 때로 그들은 교리에 신경 쓰는 자들을 냉담하고 무감각하다고 보며 '감정'에 충실한 것이 더 영적이라고 이해한다.

반면에 생각을 중시하는, 더 지적인 사람들은 사랑을 강조하는 자들을 의혹의 눈으로 보며 이렇게 비판한다. '참으로 어리석고 얄팍하고 나약해. 그들에게는 신학이 필요해.'

그 결과 서로 보완하며 협력해야 할 공동체가 경쟁적인 당파로 나뉜다. 이는 교만과 무지를 드러내는 것일 뿐이다. 하나님은 분명 온전히 사랑하는 순전하고 아름다운 마음을 사랑하시지만, '올바로' 사랑해야 한다는 사실이 간과되어서는 안 된다.

하루 일을 마치고 아내를 보기 위해 귀가하는 내 모습을 상상해 보자. 나는 단지 아내의 미모와 화려함에 압도되어 그 앞에 무릎을 꿇고 이렇게 말한다.

"여보, 나는 당신을 미치도록 사랑해요. 사랑에 푹 빠져 있어요. 내가 사랑하는 것이 당신의 검은 머리인지, 갈색 눈인지, 아니면 다른 것인지 몰라도 당신 모습 자체가 사랑스러워요."

이런 모습에 대해 '참으로 달콤하다'고 생각하는 사람도 있을 것이다. 그러나 만일 내가 실제로 그렇게 말한다면 결과는 별로 좋지 않을 것이다. 내 아내는 금발에 파란 눈을 지녔다. 내 감정이 아무리 강렬하고 적절할지라도, 아내는 그와 같이 모호한 내 표현을 의아해할 것이다.

사랑은 느낌만이 아니다. 물론 감정도 포함하지만 성경은 참된 사랑이 "진리와 함께 기뻐한다"고 말한다(고전 13:6 참조).

사랑을 결여한 채 진리를 말할 수도 있고(엡 4:15 참조), 무지와 오류로 사랑을 표현할 수도 있다. 그러나 성숙하고 경건한 사랑은 진실하고 바르며 교리적이다. 빌립보서 4장 7절에서 말하듯 그것은 생각과 감정 모두와 연결된다.

우리의 생각이 진실한 감정을 일으키지 않는다면 우리는 위험에 처한다. 생각과 마음은 서로를 북돋운다.

존 파이퍼는 하나님을 향한 사랑의 용광로에 장작을 던져 넣기 위해 지성이 존재한다고 말했다. 바울은 예수 그리스도 안에서 우리의 생각을 지키기 위한 지침들을 제시한다.

하나님을 향한 사랑의 용광로에 계속 장작을 던져 넣을 수 있도록 우리 생각을 통제하는 법을 알려준다.

경건한 상상

끝으로 형제들아 무엇에든지 참되며 무엇에든지 경건하며 무엇에든지 옳으며 무엇에든지 정결하며 무엇에든지 사랑받을 만하며 무엇에든지 칭찬받을 만하며 무슨 덕이 있든지 무슨 기림이 있든지 이것들을 생각하라(빌 4:8).

앞에서 내가 '염려'라는 말을 사용한 것은 초점과 결과는 달라도 그 역할이 동일하기 때문이다. 염려할 때 우리는 하나님을 신뢰하지 못하여 부정적인 생각에 빠진다. 이런 의미에서 염려는 정신적인 시간 낭비다. 그러나 바울은 "이것들을 생각하라"고 말한다.

우리는 부단히 진리를 생각하며 "모든 생각을 사로잡아 그리스도에게 복종"시켜야 한다(고후 10:5). 참인 것을 곰곰이 생각하고 숙고하며 참이 아닌 것을 비판하고 거기서 떠나야 한다. 성숙한 신자는 거짓을 가려내고 진리를 붙든다. 분별력을 기르고 성경적인 지혜를 함양한다. 우리가 죄에 빠져드는 이유는 참과 거짓을 분간하지 못하고 거짓에 따라 행하기 때문이다.

또한 바울은 무엇이든 경건한 것을 숙고하도록 당부한다. 나는 교만한 마음의 상상에 휩쓸리기 싫다. 그래서 영예와 품위, 그리고 하나님의 영광에 관한 생각을 북돋우려고 노력한다.

경건한 생각의 예를 들어보자.

나는 내 수명에 관한 하나님의 계획을 알지 못한다. 암 진단을 받은 이후, 나는 내 생명이 안개 같음을 더 많이 자각하며 살아왔다. 그러나 암으로만 이 세상을 떠나는 것이 아니다. 내일 당장 교통사고로 죽을 수도 있다. 내게 허용된 날이 얼마인지 모르지만 나에게는 작은 소망이 있다. 하나님이 내게 장수를 허락하신다면, 나는 70-80세에도 아침에 일찍 일어나 로렌과 함께 커피를 마시며 간밤에 꾼 아내의 꿈 이야기를 듣고, 하나님 말씀을 묵상하고 싶다. 함께 커피를 마시면서 주님을 알게 된 손주들에 대해 이야기하고 싶다.

나는 이런 상상을 하면서 살아간다. 유혹적인 여자를 볼 때, 자녀들의 마음을 살피는 일을 소홀히 하고 싶을 때, 온갖 종류의 불명예스러운 것에 생각이 끌리려 할 때, 나는 그런 상상으로 돌아간다. 팔순의 나이에 진한 커피를 마시면서 손주들의 구원에 관해 아내와 이야기하는 모습을 상상한다. 이것은 곰곰이 생각할 만한 가치가 있는 것이다. 그런 생각에 잠기면 마음에 평안이 가득해진다.

때로 우리는 상상으로 상상과 싸운다. 불경건한 상상을 머릿속에서 몰아내려면 경건한 상상으로 대체해야 한다. 그러므로 무엇에든지 참되며 무엇에든지 경건한 것을 생각하라.

옳고, 정결하며, 사랑받을 만하고, 칭찬받을 만하며, 덕스럽고, 기림이 있는 모든 것에 대해서도 마찬가지다. 이 덕목들은 그리스도 안에 있는 것이기도 하다.

우리는 단지 덕성이나 좋은 생각에 몰두하는 데 그치지 않고, 그리스도에게서 나오고, 그분을 드러내며, 또한 그분 안에서 완성되는 것들에 착념해야 한다. 빌립보서 4장 7절에서 바울은 하나님의 평강이

"그리스도 예수 안에서" 우리 마음과 생각을 지키실 거라고 말한다. 그리고 깊이 숙고할 덕목들을 열거한 후에 빌립보서 4장 9절에서는 "평강의 하나님이 너희와 함께 계시리라"고 말한다.

존 필립스는 이렇게 설명한다.

> 바울은 참되고 경건하며 옳고 정결하며 사랑받을 만하고 칭찬받을 만한 것들을 깊이 생각할 것을 당부한다. 그런 생각은 우리를 어디로 이끄는가? 예수께로 이끈다. 그분 안에 이 모든 추상적인 것들이 인격화되어 있다.
>
> 참을 떠나서는 그리스도에 대해 생각할 수 없다. 우리는 그분에게서 거짓을 말하거나 기만적이거나 음흉한 모습을 떠올릴 수 없다. 데이비드 리빙스턴이 말했듯이 그는 "가장 순전하고 신성한 영예를 지니신 분이다. 이 땅에 계실 때 그리스도는 언제나 의롭고 공정하셨다. 타락한 여자나 독선적인 바리새인을 대할 때도 항상 그러하셨다. 얼마나 고매하신 분인가! … 빌립보서 4장 8절의 도전을 제시하기 전에 바울은 7절 끝에 "그리스도 예수"를 언급했다. 8절은 예수님에 대한 생각과 직결되며 예수님에 대한 생각으로 이끈다. 우리는 그리스도를 생각해야 한다. 이것이 올바로 생각하는 삶의 궁극적 비결이다. 그분의 임재 안에서 무가치한 모든 생각은 소멸한다.[15]

---

[15] 존 필립스, *Exploring Ephesians and Philippians: An Expository Commentary* (Grand Rapids, MI: Kregel, 1995), 169-70쪽.

성숙한(아니, **성숙해가는**) 그리스도인은 어떤 상황에서도 기뻐할 수 있다. 그는 주께서 가까이 계심을 알고 주님이 어떤 분인지 알기 때문이다. 이 같은 앎은 가장 파국적인 상황에서도 소망을 갖고 기뻐하며 감사하는 것을 온당케 한다. 성숙해가는 자는 염려의 유혹을 받을 때 주께로 나아가고, 자신을 낮추고, 염려를 주께 맡기며, 그분의 주권적인 응답을 신뢰한다. 참되고, 경건하며, 옳고, 정결하며, 사랑받을 만하고, 칭찬받을 만한 것을 줄곧 생각한다. 그의 마음과 생각이 동시에 주님을 닮아 성숙해져 간다.

바울은 앞에서도 사용한 표현을 사용하여 자신의 권면을 이렇게 마무리한다. "너희는 내게 배우고 받고 듣고 본 바를 행하라 그리하면 평강의 하나님이 너희와 함께 계시리라"(빌 4:9).

빌립보서가 흥미로운 까닭은 바울이 같은 표현을 거듭 반복하기 때문이다. 특히 기뻐함, 겸손, 성숙은 본서에 거듭 언급되는 개념이다. 9절에도 본서 전반에 걸쳐 반복되는 당부가 나온다. "…를 행하라."

그가 "행하라"(혹은 "애쓰라")고 당부했다는 사실은 그 일이 자연적으로 일어나지 않음을 알려준다. 그것은 물론 성령의 능력에 의해 일어나는 일이지만 우리의 노력 없이 자연 상태에서 우연히 일어나지는 않는다.

모든 일에 기뻐하는 것은 자연스러운 모습이 아니다. 강탈당한 것처럼 느끼거나 배신당한 것처럼 느끼거나 분노를 느끼는 것은 자연스럽지만, 힘든 일이 생겼을 때 "하나님은 선하시다"고 말하는 것은 자연스럽지 않다.

때문에 우리는 이것을 연습해야 한다. "이 상황에서 주를 신뢰합니다."라고 자주 연습해야 한다. 모든 염려를 내려놓는 것은 자연스런 일이 아니다. 인간에게는 오히려 그릇된 것이나 거짓을 생각하는 것이 자연스럽다. 따라서 훈련이 필요하다. 로마서 12장은 우리가 마음을 새롭게 함으로 변화된다고 말한다. 이는 진지한 훈련이 필요함을 뜻한다.

내 마음은 언제나 불경건한 것으로 향하는 경향이 있다.

운전 중에 누가 끼어들면 나는 마치 그가 고의적으로 그렇게 한 것처럼 흥분한다. 단순한 주의 부족으로 여기는 아량을 보이지 않는다. 그가 백미러로 내 차를 보고 '저 차를 가로막아야겠어.'라고 생각했다고 상상한다.

하지만 그 상상의 시나리오는 내게서 나온 것이다. 그런 상상은 할 필요도 없다. 바울이 더 나은 것, 즉 그리스도나 그분의 은혜로운 복음에 합당한 것들을 의도적으로 생각하라고 당부하는 것도 바로 이 때문이다.

빌립보서 4장 10절에서 "기뻐한다"는 말이 다시 이어진다.

"내가 주 안에서 크게 기뻐함은 너희가 나를 생각하던 것이 이제 다시 싹이 남이니 너희가 또한 이를 위하여 생각은 하였으나 기회가 없었느니라."

무엇을 말하는가? 틈이 채워지기 시작하고 있다. 빌립보교회를 구성하는 그리스도인들은 바울의 가르침대로 행하고 있었다. 그들 자신보다 바울을 더 생각하며 사랑했다. 자신을 겸손히 낮추었다. 심지어 바울을 도우려고 애썼다. 그는 그들이 그렇게 하길 원했다고 말한다. 의무감이 아니라 자발적인 관심이었다.

당시에는 우편 서비스가 지금처럼 원활하지 않았다. 편지나 선물을 실은 배가 난파되거나 도중에 강탈당할 수 있었다. 빌립보 교인들이 바울을 돕고자 했으나 그럴 수가 없었다. 하지만 바울은 그들의 관심과 사랑을 듣게 되었다. 그들을 향한 열린 마음이 보답을 받았다. 그래서 바울은 몹시 기뻤다. 그의 오랜 친구인 루디아와 여종과 간수의 사랑과 열정, 그리고 그를 향한 그들의 관심이 성숙해져가고 있었다. 그들이 열정적으로 예수님을 좇아가고 있었다. 그 사실에 바울은 크게 기뻐했다.

바울과 마찬가지로 빌립보 교인들 역시 사는 것은 그리스도시니 죽는 것도 유익했다.

이제 바울은 그들을 더 이상 염려할 필요가 없었다.

11.
그리스도께서
우리의 전부가 되실 때
모든 것을 할 수 있다

•

나는 비천에 처할 줄도 알고 풍부에 처할 줄도 알아(빌 4:12).

결혼식장에서 우리는 어떤 상황에서든 함께하겠다는 신랑과 신부의 서약을 듣는다.

기쁠 때나 슬플 때나, 부유할 때나 가난할 때나, 병약할 때나 건강할 때나….

앞으로의 삶이 어떤 방향으로 흘러가든 배우자와의 약속을 반드시 지키겠다는 아름다운 서원이다. 함께하는 여정을 시작하면서 끝까지 함께할 것을 굳게 다짐하는 약속이다. 문제는 내가 아내에게 그렇게 약속했을 때 '좋은 일'은 근사할 것이고, '슬픈 일'이라 해도 그다지 심각한 종류는 아닐 거라고 생각했었다는 것이다. 나는 우리가 크게 부유해지진 않더라도 극빈해지지도 않을 거라 생각했다. 평생 동안 완벽한 건강을 유지하진 못하더라도 심각한 질병에 걸리거나 불의의 사고로 세상을 하직하진 않을 거라 생각했다.

사실 자신에게 최악의 상황이 닥칠 거라고 생각하는 사람은 극히 드물다. 우리는 더 나은 일들을 소망하며 나쁜 일에 대해서는 가급적 생각하지 않으려 한다. 내리막길도 약간 있겠지만 오르막길이 더 많을 거라고 생각한다. 극단적인 상황은 단지 극소수의 사람들에게 닥치는 것일 뿐이라고 생각한다.

하지만 바울은 그렇게 말하지 않는다. 우리는 극과 극의 상황을 두루 겪은 바울 같은 사람의 말에 관심을 기울여야 한다. 극한 상황에서 그가 어떻게 대처했는지 유심히 들여다봐야 한다.

우리가 '극단적'이라고 일컫는 상황은 생각보다 더 많은 사람에게 더 자주 닥친다. 그 모든 극한 상황에서 바울이 그리스도의 영광을 높일 수 있었다면 (대체로) 그보다 덜한 상황에 있는 우리도 믿음을 지킬 수 있지 않을까?

바울의 회심

우리의 관심을 끄는 세 부류의 설교자가 있다. 첫째, 공감을 자아내는 탁월한 의사소통 방식으로 귀 기울이게 만드는 부류다. 그들의 설교 스타일은 듣는 이의 마음을 끌어당기고 역동적이며 매력적이다. 카리스마적인 인격을 지녔을 수도 있다. 둘째, 풍부한 지식에 귀 기울이게 만드는 부류다. 그들의 주해는 흠잡을 데가 없다. 그들은 성경을 잘 가르치며, 많은 것을 깨닫게 한다. 마지막으로 풍부한 삶의 경험으로 듣는 이들의 마음을 끄는 부류다. 그들의 삶은 기쁨의 산봉우리와 슬픔의 골짜기로 가득하다.

빌리지교회에 어느 강사를 초청한 적이 있다. 솔직히 그는 그리 뛰어난 의사소통자가 아니었다. 그의 가족은 르완다대학살 때 살해당했고, 그는 그토록 흉악한 학살자들을 어떻게 용서할 수 있는지 얘기했다. 우리가 그를 주목하며 경청한 것은 그의 역동적인 강연이나 성경 주해 능력 때문이 아니었다. 그의 삶과 경험의 깊이가 지혜의 빛을 발했기 때문이었다.

물론 가장 완벽한 시나리오도 가능하다. 설교자가 역동적이고 매력적이면서 지성적이고 삶의 경험이 풍부할 수 있다. 단지 성경 내용을 설명하는 데 그치지 않고 그 말씀을 자신의 삶에서 구체적으로 경험하고 적용한 이야기를 들려주는 사람의 말에는 누구나 귀를 기울일 것이다.

실제로 그런 사람을 만나는 건 쉽지 않지만, 우리는 이미 그런 사람을 알고 있다. 그는 성령의 능력으로 말한다. 이 장에서 우리는 바울의 생애 가운데 몇몇 일화를 살펴볼 것이다. 그가 빌립보서와 다른 서신에 쓴 내용은 복음에 관한 지식뿐 아니라 복음에 붙들린 삶의 열매이기도 하다.

다음은 성경에 있는 매우 '유명한' 구절이다.

> 내가 주 안에서 크게 기뻐함은 너희가 나를 생각하던 것이 이제 다시 싹이 남이니 너희가 또한 이를 위하여 생각은 하였으나 기회가 없었느니라 내가 궁핍하므로 말하는 것이 아니니라 어떠한 형편에든지 나는 자족하기를 배웠노니 나는 비천에 처할 줄도 알고 풍부에 처할 줄도 알아 모든 일 곧 배부름과 배고픔과 풍부와 궁핍에도 처할 줄 아는 일체의 비결을 배웠노라 내게 능력 주시는 자 안에서 내가 모든 것을 할 수 있느니라 (빌 4:10-13).

우리 대부분은 바울처럼 이렇게 말할 수 없을 것이다. 적어도 심각한 삶의 경험 없이는 이런 말을 하지 못할 것이다. 바울은 그리스도만으로 충분함을 '배웠다'고 말한다. 그는 배가 부르든 고프든, 예수님으로 만족할 수 있음을 배웠다.

우리 중 많은 사람이 이 두 극단을 자주 경험하지는 않는다. 어떤 이들은 풍요롭게 살아간다. 스테이크나 캐비아 같은 음식을 자주 먹는다. 그리고 우리 대부분은 비록 스테이크와 캐비아를 날마다 먹지는 못하더라도 하루 세 끼는 먹을 수 있다. 다음 끼니를 염려해야 하는 형편은 아니다. 대부분은 자기 승용차에 연료를 넣을 형편은 된다. 빠듯하게 살아가지만 궁핍하진 않다.

그러나 바울은 배고픔과 궁핍을 경험했다고 말한다. 우리의 일반적인 생활과 비교하면 특이한 경험인데도, 그 모든 상황에서 자족하기를 배웠다는 그의 말이 놀랍다.

바울은 흥미로운 사람이다. 로마 시민이면서 유대인이었다. 평범한 유대인이 아니었다. 팔일 만에 할례를 받고 이스라엘 족속이요 베냐민 지파요 히브리인 중의 히브리인이요 율법으로는 바리새인이었다 (빌 3:5).

또한 그의 원래 이름은 사울이었다. 그는 바리새파 규약을 배웠고, 율법에 정통했으며, 전도유망한 사람이었다. 천재라 할 만했고, 출신 가문도 좋았다. 대담하고 진취적이었다. 바리새파 사람 누구나 사울을 알았다. 그의 출신지는 '다소'라는 도시였다. 그는 지성적이고 열정적이며 명석했다.

그런데 **중대한 일**이 일어났다. 예수께서 십자가에 달리셨다가 죽은 자 가운데서 부활하신 것이다. 사울은 변질된 유대교가 출현한 것으로 생각했다. 그리스도께서 십자가에 못 박혔다가 부활하셨다고 가르치는 스데반의 설교를 들었다. 그 설교를 들으며 분노에 휩싸였다. 사울뿐 아니라 그 자리에 모인 군중 전부가 분노했다. 그들은 스데반을 죽이기로 결심했다. 그래서 그를 끌고 가서 죽을 때까지 돌로 쳤다. 증인들이 겉옷을 벗어 사울의 발 앞에 두었다. 이는 사울이 스데반을 처형하는 데 흔쾌히, 그리고 적극적으로 찬동했음을 뜻한다.

스데반의 순교 이후 교회는 확산되기 시작했다. 그리스도인들은 예루살렘을 떠나서 가는 곳마다 복음의 말씀을 전했다. 사울은 그런 그들을 잡으러 다녔다. 어떻게든 그리스도인을 더 많이 제거하려 했다. 열심히 교회를 박해했다고 한 빌립보서 3장 6절이 바로 그 내용이다. 교회를 박멸하는 것이 그의 동인이자 목표였다.

그러던 중 어떤 그리스도인들이 다메섹에서 복음을 전하고 많은 사람이 예수를 믿기 시작한다는 제보가 들렸다. 그래서 사울은 병사들과 함께 다메섹으로 향했다. 그러나 가는 도중에 예수님께서 사울의 계획을 저지하시고 영광의 광채 가운데서 그에게 나타나셨다. 그 결과 사울은 눈이 멀었고, 다음과 같이 말씀하시는 예수님의 음성을 들었다.

"사울아, 사울아, 네가 어찌하여 나를 박해하느냐."

"주여, 누구시니이까?"

"나는 네가 박해하는 예수라"(행 9:4-6 참조).

사울은 다른 사람의 손에 의지하여 다메섹으로 들어가서 아나니아를 만났다.

그 전에 주께서 아나니아에게 환상 중에 말씀하셨고, 그 내용은 이러했다. "다소 사람 사울이 이곳으로 왔다. 가서 치료해주어라." 그러자 아나니아는 다음과 같이 대답했다. "그는 우리를 죽이러 왔습니다. 치료해주지 않는 게 좋지 않겠습니까?"(행 9:10-14 참조).

주의 말씀은 사울의 남은 삶이 어떤 방향으로 갈 것인지 알려준다. "아니다. 가서 그를 치료해주어라. 나는 그가 내 이름을 위해 많은 고난을 받아야 함을 그에게 알려줄 것이다"(행 9:15-16 참조).

결국 아나니아는 그 말씀에 순종했고, 사울을 "형제"라 부르며 그를 위해 안수하고 기도했다. 그러자 사울의 눈에서 비늘 같은 것이 벗겨졌다(행 9:17-18). 이제 그리스도를 믿는 신자로 변화된 바울은 세례를 받고 새로운 믿음의 삶을 시작할 준비를 갖췄다.

거듭된 살해 위협

회심한 바울은 회당에서 설교했다. 사도행전 9장 21절에 따르면, 그의 설교는 유대인들을 당황시켰다. 그들은 바울을 논박할 수 없었다. 당신도 그런 경험을 한 적이 있는가? 논쟁 상대가 너무 말을 많이 해서 당신을 진력나게 하는 것이 아니라, 그의 논리가 워낙 정연하여 아무 말도 못하게 만드는 것 말이다. 당시 바울이 그러했다.

이제 아나니아를 비롯한 다메섹 신자들은 놀라움을 금치 못했다.

자신이 알지 못한 은사를 어느 날 갑자기 발견한다면 누구나 놀라움을 느낄 것이다. 바울이 그랬다. 그는 설교를 계속했고 좋은 반응을 얻었다. 하지만 옛 동료였던 유대인들은 그를 죽이려 했다(행 9:23).

옛 친구들의 살해 위협을 당하며 잠자리에 들어야 하는 심경을 상상하기란 쉽지 않다. 바울은 다메섹을 떠났다. 그가 예루살렘에 도착했을 때, 그곳 그리스도인들은 그를 받아들이려 하지 않았다. 그들은 바울을 두려워했다(행 9:26). 바울은 옛 친구들에게 위협당했고, 새 친구들은 그를 받아들이지 않았다. 당신이 주를 위해 살기로 결심했는데 옛 친구들에게 따돌림받고 새 친구들에게도 환영받지 못한다면 얼마나 외롭겠는가! 아마도 그 외로움은 참으로 깊을 것이다.

마침내 바나바라는 사람이 바울의 편을 들어주었다(행 9:27). 그는 바울에게 큰 위안이 되었다. 충격적이고 이적적인 경험을 한 바울이었지만 용감히 나선 바나바를 만나기 전까지는 사람들에게 거부당하는 아픔을 겪어야 했다. 바나바는 다른 그리스도인들 앞에서 바울을 적극적으로 옹호하고 추천했다. 그렇게 둘은 좋은 친구가 되었다.

그로부터 얼마 지나지 않아 헬라파 유대인들이 바울과 더불어 논쟁을 벌였다. 바울은 그들에게 복음을 전했고, 강력한 논거로 그들의 말문을 닫아버렸다. 그러자 그들 역시 바울을 죽이려 했다(행 9:28-29). 잠시 친교의 기회를 얻었던 바울은 또다시 살해의 위협에 직면했다.

누구든 이런 상황에서는 정신을 차리기 힘들 것이다. 우리에게도 이 같은 삶의 회오리가 닥칠 수 있다. 실제로 나는 이처럼 충격에서 벗어나 위안을 얻었다가 다시 끔찍한 일을 겪은 사람들을 알고 있다.

하지만 사람들의 살해 위협에 직면하는 것이 어떤지 아는 사람은 극히 드물 것이다. 사실 나도 잘 모른다. 하지만 바울에게는 단 한 번의 충격적인 경험이 아니었다. 그것은 그의 삶이었다. 거듭 반복되는 일이었다.

구브로에서 바울은 서기오 총독에게 복음을 전했다. 그때 바예수라는 귀신 들린 자가 복음을 훼방하고 나섰다. 바울이 귀신을 쫓아냈고 바예수를 질책하자 그의 눈이 멀었다(행 13:6-11).

이제 바울은 복음의 초자연적인 능력을 드러냈다. 구약성경을 근거로 그리스도께서 메시아이심을 가르치는 데 그치지 않고 강력한 영적 능력을 발휘했다. 그에게 복음을 들은 서기오는 신자가 되었다.

그렇게 바울은 다시 정상에 올랐다. 하지만 이야기는 거기서 끝나지 않는다.

그가 루스드라에서 설교하는 중에 뒤에서 갑자기 돌이 날아와 관자놀이를 맞았다. 계속해서 돌이 날아들었다. 그는 '오늘 내가 죽는구나.' 생각했을 것이다. 과거에는 자신이 돌로 치는 자들 편에 섰었다. 때문에 그는 이런 사태의 결말이 어떠한지를 잘 알고 있었다.

핍박자들은 그가 죽은 줄 알았다. 그래서 그를 성 밖으로 끌고 가서 내버렸다(행 14:19). 그들은 그의 시신이 성 안에서 부패하는 것을 원치 않았다. 그렇게 바울은 깊고 깊은 골짜기로 추락했다.

하지만 바울은 기적적으로 다시 살아났고, 이튿날 복음을 전했다. 곧이어 바울과 바나바 간에 심각한 의견 대립이 있었고, 결국 헤어졌다(행 15:36-40). 바울은 돌에 맞았고, 이제 의지할 친구조차 없는 외로운 처지에 놓였다.

후에 그는 빌립보에 도착했다. 거기서 복음을 전하는 중에 루디아라는 부유한 여자가 주님을 영접했다. 그녀는 바울에게 "당분간 우리 가족과 함께 지내세요."라고 말했다. 그래서 바울 일행은 패션업계 CEO의 저택에서 기거했다.

내가 머무른 아시아의 어느 지역에서는 합판을 매트리스로 사용했다. 우리 집에는 킹사이즈의 필로우탑 침대가 있다. 하나님의 영광을 위해서라면 어떤 것이든 상관없지만, 이왕이면 나는 필로우탑 침대를 쓰고 싶다.

루디아 집에서 지낸 바울의 생활을 그려보자. 루디아 집에 고용된 요리사가 있었을까? 아마 있었을 것이다. 요즘 식으로 말해 그녀가 엄청난 부자였다면, 마카로니 치즈 같은 것을 먹진 않았을 것이다. 아마도 바울은 그곳에서 풍요롭게 지냈을 것이다.

하지만 그 안락함은 오래가지 않았다. 불과 며칠 후에 로마인들이 바울 일행을 붙잡아 감옥에 가두고 매질을 했기 때문이다. 감옥에서 풀려난 바울은 데살로니가에서 전도하여 많은 회심자를 얻었으나, 그곳에는 그를 미워하는 유대인들이 있었다. 그들은 그를 몹시 싫어했고, 집요하게 따라다니기 시작했다. 바울을 직접 공격하는 대신 무리를 선동하여 그들이 바울을 대적하게 했다.

사도행전 17장에 따르면, 그들은 아덴까지 바울을 따라가서 바울이 설교하는 내내 조롱했다. 바울은 지식인 중에서도 뛰어난 지식인이었다. 그냥 지식인이 있고, 지식인들을 우둔하게 만드는 지식인이 있다. 바울은 후자에 속했다. 하지만 그가 아덴에서 가르칠 때 대부분은 그를 둘러서서 야유를 보냈다.

데살로니가에 있던 실로와 디모데가 합류한 후에, 바울은 고린도로 들어가 회당장 그리스보에게 복음을 전했고, 그리스보는 예수 그리스도를 영접했다(행 18:8).

복음 중심의 삶

이와 같이 바울의 오르락내리락은 거듭 반복되었다. 매 맞고 투옥 당하고 거부와 비웃음을 받은 후, 이 모든 마음의 충격이 생생한 채로 고린도에 있을 때 주의 말씀이 그에게 임했다. "두려워하지 말며 침묵하지 말고 말하라 내가 너와 함께 있으매 어떤 사람도 너를 대적하여 해롭게 할 자가 없을 것이니 이는 이 성중에 내 백성이 많음이라"(행 18:9-10). 그 말씀은 매 맞고 투옥되며 돌에 맞아 죽다시피 했던 바울에게 뜨거운 사막에서 마시는 서늘한 물처럼 큰 위안이 되었을 것이다. 그러나 바울은 더 많은 선교 모험을 위한 준비를 갖춰나가고 있을 뿐이었다. 에베소에서는 복음의 놀라운 능력으로 불가사의한 일들이 일어나기 시작했다. 바울의 손수건이나 앞치마를 병든 사람에게 얹기만 해도 병이 떠나갔다(행 19:11-12). 그래서 사람들이 그의 옷을 훔쳐가기도 했다.

하나님께서 워낙 강력히 역사하셨기에, 심지어 신자가 아닌 사람들마저 시험 삼아 주 예수의 이름을 불러 능력을 행하려 했다(행 19:13).

제사장 스게와의 일곱 아들은 귀신을 쫓아내는 바울을 보고 자기들도 그렇게 해보려고 마음먹었다. 그래서 귀신 들린 사람을 찾아내어 함부로 귀신 축사를 시도했다. "바울의 신, 예수 그리스도의 이름으로 명하나니, 당장 나와라."라고 말이다(행 19:13 참조).

하지만 그때 귀신이 말했다. "내가 예수도 알고 바울도 알거니와." 귀신들이 예수님이나 바울에 대해 알고 있다는 건 흥미로운 사실이다. 그 다음 말이 근사하다. "너희는 누구냐?"

이어서 귀신이 그들에게 덮쳐 그 몸을 상하게 했다(행 19:16). 그들이 속옷까지 벗어던지고 달아났다는 것은 철저한 패배를 뜻한다.

에베소에 복음이 깊숙이 스며듦에 따라 사회경제적 풍토가 변하기 시작했다. 그곳에는 금으로 우상을 만들어서 큰돈을 버는 자들이 있었다. 하지만 복음이 사람들의 마음을 사로잡으면서 그 우상을 구입하는 자들이 사라져, 우상 제조업자들이 가게 문을 닫아야 했다(행 19:23-27). 누군가가 당신의 사업을 망친다면 어떻겠는가? 엄청 화가 날 것이다. 이 우상 제조자들도 큰 소동을 일으키며 기독교와 그 메신저인 바울에 대한 적대감을 부추겼다.

에베소에서의 복음 전도는 매우 중요한 사례다. 우리가 어느 지역에 기독교 공동체를 설립한다면 그 지역을 복음으로 어떻게 변화시킬 수 있을지 함께 의논할 것이다. 그 지역의 부흥을 위해 오래도록 진지하게 같이 기도할 수도 있다. 각 지역마다 여러 해, 혹은 수십 년 동안 그렇게 기도하는 사람들이 있다. 에베소에서도 그런 일이 시작되었다. 하나님이 그 일을 주도하셨다.

에베소 사람들의 영적 변화가 우상 제조자들의 사업에 막대한 지장을 주기 시작하면서, 40여 명이 바울을 죽일 때까지 먹지도 마시지도 않겠다고 맹세하고 나섰다(행 23:12-15). "저 녀석이 죽으면 좋겠다"는 말과 "저 녀석을 죽일 때까지 먹지 않겠다"는 말은 완전히 다르다. 무려 40여 명이 그런 맹세를 했다. 암담한 상황이었다.

결국 바울은 담대히 증언하다가 체포되었다. 로마로 이송되는 중에도 예수 그리스도를 계속 전했다. 고린도후서 11장에서는 자신에게 닥친 시련들을 다음과 같이 열거했다.

> 내가 다시 말하노니 누구든지 나를 어리석은 자로 여기지 말라 만일 그러하더라도 내가 조금 자랑할 수 있도록 어리석은 자로 받으라 내가 말하는 것은 주를 따라 하는 말이 아니요 오직 어리석은 자와 같이 기탄없이 자랑하노라 여러 사람이 육신을 따라 자랑하니 나도 자랑하겠노라 너희는 지혜로운 자로서 어리석은 자들을 기쁘게 용납하는구나 누가 너희를 종으로 삼거나 잡아먹거나 빼앗거나 스스로 높이거나 뺨을 칠지라도 너희가 용납하는도다 나는 우리가 약한 것같이 욕되게 말하노라 그러나 누가 무슨 일에 담대하면 어리석은 말이나마 나도 담대하리라 그들이 히브리인이냐 나도 그러하며 그들이 이스라엘인이냐 나도 그러하며 그들이 아브라함의 후손이냐 나도 그러하며 그들이 그리스도의 일꾼이냐 정신없는 말을 하거니와 나는 더욱 그러하도다 내가 수고를 넘치도록 하고 옥에 갇히기도 더 많이 하고 매도 수없이 맞고 여러 번 죽을 뻔하였으니(고후 11:16-23).

무슨 뜻인가? 바울은 셀 수 없을 정도로 여러 번 매를 맞았다. 나는 매 맞은 기억들이 생생하다. 그런 일은 쉽게 잊히지 않는다. 그런데 바울은 수없이 매를 맞고 여러 번 죽을 뻔했다(고후 11:23). 그의 말은 계속된다.

> 유대인들에게 사십에서 하나 감한 매를 다섯 번 맞았으며 세 번 태장으로 맞고 한 번 돌로 맞고 세 번 파선하고 일주야를 깊은 바다에서 지냈으며(고후 11:24-25).

솔직히 말해서 내가 바울과 함께 두 차례 배를 타고 가다가 두 번 다 파선한다면 세 번째에는 그와 함께하지 않을 것이다. 누군가 비행기 사고에서 극적으로 생존한다면 다시는 비행기를 타고 싶지 않을 것이다. 바울은 세 차례 파선하고 한 번은 24시간 내내 바다에서 표류했다. 그는 계속해서 이렇게 말한다.

> 여러 번 여행하면서 강의 위험과 강도의 위험과 동족의 위험과 이방인의 위험과 시내의 위험과 광야의 위험과 바다의 위험과 거짓 형제 중의 위험을 당하고 또 수고하며 애쓰고 여러 번 자지 못하고 주리며 목마르고 여러 번 굶고 춥고 헐벗었노라 이 외의 일은 고사하고 아직도 날마다 내 속에 눌리는 일이 있으니 곧 모든 교회를 위하여 염려하는 것이라 누가 약하면 내가 약하지 아니하며 누가 실족하게 되면 내가 애타지 아니하더냐(고후 11:26-29).

하지만 이 모든 시련에 대한 그의 관점은 특이했다. "그러므로 내가 그리스도를 위하여 약한 것들과 능욕과 궁핍과 박해와 곤고를 기뻐하노니 이는 내가 약한 그때에 강함이라"(고후 12:10).

그리스도를 지닌 자의 증언

바울의 생애를 간략히 개괄하면서, 우리는 장래가 유망했는데도 자신에게 유익한 모든 것을 배설물로 여기고 온갖 고초를 자초한 사람을 보게 된다. 그런 배경을 염두에 둘 때 빌립보서 4장은 더 깊은 감명으로 다가온다.

루디아의 집에서 안락하게 지내는 바울이나 대적들을 논파하고 귀신을 쫓아내며 하나님의 이적적인 권능을 드러내는 바울만 생각하지 말라. 매질로 찢어진 그의 등을 생각하라. 승선한 배가 깊은 심연으로 가라앉는 동안 필사적으로 헤엄쳤을 모습을 생각하라. 자객들이 거리를 샅샅이 뒤지는 동안 뜬눈으로 밤을 새웠을 그를 생각하라. 피 묻은 얼굴로 땅바닥에 쓰러진 채 날아드는 돌들을 막으려고 안간힘을 썼을 바울을 생각하라.

그런 다음 이 본문을 다시 읽어보라.

내가 궁핍하므로 말하는 것이 아니니라 어떠한 형편에든지 나는 자족하기를 배웠노니 나는 비천에 처할 줄도 알고 풍부에 처할 줄도 알아 모든 일 곧 배부름과 배고픔과 풍부와 궁핍에도 처할 줄 아는 일체의 비결을 배웠노라 내게 능력 주시는 자 안에서 내가 모든 것을 할 수 있느니라(빌 4:11-13).

빌립보서 4장 13절은 꿈과 열정의 추구, 자력으로 일어서기, 혹은 하나님의 도우심으로 원하는 일을 성취하는 것에 대한 내용이 아니다. 그보다는 그리스도를 지닌 자, 그분에게서 지고한 가치와 기쁨과 만족을 찾은 자의 증언이다. 바울은 이와 같은 극과 극의 상황을 줄곧 경험해오면서 예수 그리스도 안에서 위대한 소망과 지속적인 안정을 찾았다.

성경에서 빌립보서 4장 13절보다 더 잘못 적용되는 구절이 있을까? 사람들은 이 구절을 어디에나 적용하고 싶어 하는 것 같다. 일부 그리스도인 사업가들은 이렇게 말할 것이다. "나는 CEO가 될 것이다. 내게 능력 주시는 자 안에서 내가 모든 것을 할 수 있느니라."

하지만 그 말은 헛스윙과 같은 것이다. 문맥을 벗어난 적용이다.

십대 때, 운동선수 사진 아래 "내게 능력 주시는 자 안에서 내가 모든 것을 할 수 있느니라"라는 문구를 새긴 티셔츠가 있었다. 걸핏하면 삼진 아웃 당하는 아이에게 이 문구는 어떤 의미였을까, 하는 생각이 든다.

물론 내가 할 수 없는 일들이 있다. 그렇지 않은가? 하지만 빌립보서 4장 13절은 내가 원하는 것을 무엇이든 할 수 있음을 뜻하지 않는다. 그리스도께서는 그 어떤 이적도 행하실 수 있지만 이 구절은 당신이 그리스도를 통해 메이저리그 선수가 될 수 있음을 가르치는 내용이 아니다. 바울은 결코 그런 뜻으로 말하지 않았다. 당신이 메이저리그에 소속되었다면 그리스도의 이름을 찬양하되 선수들을 위해 음료수를 나르지 못할 정도로 연약해도 그분의 이름을 찬양해야 한다는 것이 바울의 생각이다.

그러므로 빌립보서 4장 13절을 우리가 원하는 것을 무엇이나 할 수 있다는 의미로 적용해서는 안 된다. 바울은 그런 뜻으로 말하지 않았다. 문맥상 그는 이렇게 말한 셈이다. "내가 원하는 모든 것을 얻을 때 만족하는 법을 배웠다. 내가 원하는 것을 전혀 얻지 못할 때에도 만족하는 법을 배웠다. 그리스도의 능력으로 나는 이 두 가지를 모두 할 수 있다."

또한 "내게 사는 것이 그리스도니 죽는 것도 유익함이라"는 바울의 말은 이런 뜻이다. "네가 나를 죽이기 원한다면 기꺼이 죽을 것이다. 내가 예수님과 함께 있을 것이기 때문이다. 그러면 내 죽음은 그리스도로 가득해질 것이다. 반대로 네가 나를 살려두기 원한다면 나는 복음 사역에 매진할 것이다. 그러면 내 삶이 그리스도로 가득해질 것이다. 네가 나를 고문하거나 투옥시키거나 조롱하기 원한다면 나는 하나님을 의지할 것이다. 그러면 내 고난이 나로 하여금 그리스도를 닮아가게 할 것이다. 그것은 그분의 고난에 동참하는 것이다."

높아지든 낮아지든, 상황이 좋든 나쁘든, 부유하든 가난하든, 병약하든 건강하든, 그리스도께서 우리의 전부가 되실 때, 우리는 우리에게 능력 주시는 그리스도를 통해 모든 것을 할 수 있다. 복음에 집중된 삶은 난공불락의 믿음과 다함없는 사랑으로 가득하다. 당신이 복음을 통해 그리스도와 연합했다면 당신은 그리스도 안에서 안전하다. 예수님 말씀에 따르면, 설령 대적들이 당신을 죽일지라도 당신은 죽지 않을 것이다(요 11:26).

아마도 독자들 중에는 바울처럼 극과 극의 삶을 줄곧 경험한 사람이 없을 것이다. 그럼에도 그 모든 과정을 바울이 어떻게 통과했는지, 하나님께서 그를 어떻게 지탱시켜 주셨는지 이해하는 일은 매우 유익하다. 앞으로 당신이 성경을 펴서 바울서신(에베소서, 빌립보서, 골로새서, 디모데전후서 등)을 읽을 때마다 단지 그것이 하나님 말씀이기 때문이 아니라 바울이 그 말씀대로 살아냈다는 사실 때문에 깊은 감명을 받기를 진심으로 바란다. 상황에 관계없이 만족할 수 있다고 말할 때, 바울은 그 말의 의미를 체험적으로 알고 있었다.

당신은 어떠한가? 그리스도 안에서의 성숙 면에서 '발달장애'를 보이는 부분은 없는가? 만족에 대해서는 어떠한가? 그리스도 안에서 쉽게 만족하는가? 스트레스, 낙심, 실망을 느끼거나 곤경에 처한 때에도 복음의 기쁨을 잃지 않는가?

12.
우리의 모든 필요는 예수님 안에서 충족된다

●

주 예수 그리스도의 은혜가 너희 심령에 있을지어다(빌 4:23).

빌립보서를 마무리하는 이 문구는 쉽게 간과된다.

바울은 자신을 향한 빌립보교회의 사랑이 커지기 바라는 마음을 피력했다. 그는 그들이 그렇게 한 사실을 기뻐했다. 모든 상황에서 하나님이 그를 만족케 해주셨음을 밝혔다. 그 모든 내용 가운데 다음과 같이 심오한 문구가 자리 잡고 있다. "내가 궁핍하므로 말하는 것이 아니니라"(빌 4:11).

바울은 자신이 궁핍하지 않다고 말한다. 그에게 필요한 모든 것은 예수님 안에서 충족되었다. 그는 자신이 원하는 바에 솔직했고, 그 바람마저도 그리스도 안에서 얻은 만족을 토대로 했다. 바울은 완벽하지 않았으며, 완벽하다고 주장한 적도 없다. 그러나 그는 굶주리거나 투옥되거나 거부당할 때에도 그리스도가 자신 안에 계시므로 모든 것을 가졌다는 사실을 배웠고 또한 기억했다. 그리스도가 그의 전부이셨으므로 실제로 그는 전혀 궁핍하지 않았다.

우리도 그리스도 안에서 우리에게 아무런 결핍이 없음을 동의할 수 있는가? 우리는 성화와 영화가 필요하지만, 그것은 이미 그리스도 안에서 기정사실화되었다. 다만 우리가 아직 실제로 경험하지 못할 뿐이다. 다시 말해 아직 실제로 경험하진 못하지만 우리는 이미 그것들을 확보하고 있다. 그것은 우리 것이다. 나아가 바울은 "나의 하나님이 그리스도 예수 안에서 영광 가운데 그 풍성한 대로 너희 모든 쓸 것을 채우시리라"고 말한다(빌 4:19).

내가 어렸을 때 비디오게임이 막 개발되었다. 당시의 유일한 비디오게임기는 '아타리'(Atari)였다. 까만 스틱과 오렌지색 버튼이 부착된 정사각형의 자그마한 게임기였다. 그 모양을 상상할 수 있겠는가? 그 게임기에는 버튼이 하나뿐이었다. 그리고 게임기 안에 있는 세 가지 게임에 모두 같은 음향이 사용되었다. 삑삑거리는 소리와 조악한 벨 소리는 오래 들으면 정신이 어지러워질 정도였다.

그 당시 아이들은 길거리에 가로등이 켜질 때까지 밖에서 놀았다. 밖에서 놀아야겠다고 굳이 마음을 다질 필요가 없었다. 그냥 나가 놀면 그만이었다. 방과 후에 집에 가서 숙제를 하고 나면 으레 밖으로 놀러 나갔다. 부모들은 아이들이 집 안에 있는 걸 별로 좋아하지 않았다.

스포츠는 종목별로 시즌이 있었다. 야구 시즌이 있었고 풋볼 시즌이 있었다. 농구 시즌도 있었다. 그래서 아이들은 시즌이나 특정 지역에 맞는 스포츠를 즐겼다. 아이스하키를 하러 굳이 텍사스로 갈 순 없었다.

요즘 아이들은 이해할 수 없겠지만, 당시에는 TV 만화영화가 토요일 아침에만 방영되었다. 내 딸은 이 말을 믿지 못한다. 심지어 내가 거짓말을 한다고 생각한다. 그때는 카툰네트워크 같은 채널도 없었다. 화요일 저녁 7시 30분에 볼 수 있는 '스펀지밥' 같은 것도 없었다.

또 아무도 휴대폰을 지니고 있지 않았다. 간혹 삐삐를 지닌 사람은 있었다. 그것은 빵 한 덩이 크기였다. 삐삐가 진동하면 엉덩이가 흔들릴 정도였다.

신작 영화는 매주 네댓 편씩이 아니라 한 달에 몇 편 정도 나왔다.

내가 어릴 때에는 TV 리모컨도 없었다. 그래서 TV를 볼 때마다 채널 손잡이를 잡고 직접 돌려야 했다. 그때는 세상이 그랬다. 그래도 상대적으로는 그 전 세대보다 문명이 훨씬 앞서 있었다.

세월이 흘러 이제 세상이 매우 많이 변했다. 예컨대 지금 당장 팝콘이 먹고 싶으면 전자레인지에 팝콘 재료를 담은 봉투를 넣고 버튼만 누르면 된다. 내가 어렸을 때는 옥수수 알갱이들을 구입하여 프라이팬에 기름을 두르고 직접 튀겨야 했다. 그 과정에서 기름이 튀고 불꽃이 일어나기도 했다.

빌립보서 끝부분에서 우리가 만족에 대해 깊이 생각해야 하는 이유는 무엇일까?

우리가 사는 이 세상은 인류역사상 그 어느 때보다 할 일이 많다. 볼 것이 많고, 갈 곳도 많으며, 그렇게 하기 위한 방편들도 매우 간소해졌다. 즉 우리는 이전 세대들이 경험해 보지 못한 가장 재미있는 세상에서 살고 있다. 그러나 대부분의 사람들이 지겨움과 실망 속에 살아간다.

이 세상에서 만족은 매우 중요하다. 단순한 행복이 아닌 '만족'이다. 그러나 현대 문명의 편의들을 전혀 누리지 못했고 온갖 고난을 겪었던 바울은 이렇게 말한다. "나는 아무것도 필요 없다. 만족하는 법을 배웠다"(빌 4:11 참조).

결코 채워지지 않는 욕구

바울은 "자족하기를 배웠다"고 말한다(빌 4:11 참조). 또한 그는 "일체의 비결"을 배웠다(빌 4:12). 율법적으로 흠 없는 사람(빌 3:6)이 만족을 배워야 했다면, 우리도 당연히 배워야 할 것이다.

사실 만족은 인간에게 자연스러운 것이 아니다. 그래서 우리는 그것을 배워야 한다.

배우는 방법은 두 가지다. 빌립보서 4장의 헬라어 원문에 그것이 분명히 드러나 있다. 여기서 바울은 두 가지 다른 개념을 제시한다.

첫째, 바울은 지적인 의미에서의 배움을 언급한다. 그는 '만족 법칙'을 배웠다. '만족하는 법'에 대해 지적으로 배운 것이다. 그것을 어디서 배웠을까? 성경에서다. 아마도 바울은 하박국 3장을 읽었을 것이다.

> 비록 무화과나무가 무성하지 못하며 포도나무에 열매가 없으며 감람나무에 소출이 없으며 밭에 먹을 것이 없으며 우리에 양이 없으며 외양간에 소가 없을지라도 나는 여호와로 말미암아 즐거워하며 나의 구원의 하나님으로 말미암아 기뻐하리로다 주 여호와는 나의 힘이시라 나의 발을 사슴과 같게 하사 나를 나의 높은 곳으로 다니게 하시리로다(합 3:17-19).

시편 63편 3절과 4편 7절에 수록된 다윗의 노래도 읽었을 것이다.

"주의 인자하심이 생명보다 나으므로." "주께서 내 마음에 두신 기쁨은 그들의 곡식과 새 포도주가 풍성할 때보다 더하니이다."

바울은 성경말씀에서 만족에 대해 읽고 배울 수 있었다. 하나님이 음식이나 피난처보다 더 나으심을 성경에서 배울 수 있었다. 그는 하나님이 생명보다 더 나으심을 배웠다. 우리 대부분도 주로 그런 식으로 만족에 대해 배운다.

빌립보서 4장 11절이 지적인 배움을 가리킨다면, 12절은 경험적인 의미에서의 배움에 대해 말한다. "일체의 비결을 배웠노라." 즉 그는 지적으로 아는 교훈을 경험으로 체득했다.

바울은 루디아의 집에서 온갖 풍요를 누리며 사는 만족을 배웠다. 그 와중에도 그리스도를 사랑하고 따르며 그분이 더 나으심을 고백할 수 있었다.

어떤 사람은 "풍요로운 곳이니까 당연히 만족을 배웠겠지."라고 말할 것이다. 하지만 사실은 그렇지 않았다. 바울에게 만족은 선물 자체보다 그 선물을 주시는 분으로 인한 것이다. 여기에 큰 차이가 있다. 이 차이를 이해하지 못하기 때문에 부자들이 예수님을 따르기가 매우 힘든 것이다. 돈은 만족을 주지 못한다. 그런데도 '더 많이' 가지면 만족에 이를 거라고 생각하는 부자가 매우 많다. '더 많이'는 결코 채워지지 않는 욕구다. 게리 토마스가 만족을 가리켜 '훈련'이라고 지칭하는 것도 이 때문이다. 만족은 상기하고 연습하며 모든 상황에 적용해야 하는 어떤 것이다. 『진정한 믿음』(Authentic Faith)이라는 책에서 토마스는 자신의 가족 여행 경험에 대해 언급한다.

너츠 베리 팜이라는 놀이공원으로 가족 나들이를 한 적이 있다. 당시 여섯 살이던 딸 켈시는 탈 것을 좋아했다. 그래서 여러 가지를 탈 수 있는 곳으로 데려갔다. 딸은 좋아서 어쩔 줄 몰라 했다. 그러나 세 시간 정도 지났을 때, 나는 뭔가 특이한 점을 발견했다. 켈시는 기차, 통나무배, 회전식 관람차, 날아다니는 버스 등을 다 탔다. 그럼에도 여전히 무엇인가를 더 타고 싶어 했다. "다음엔 뭐야?"라는 질문이 끊이지 않았다.

그 순간 나는 그 어떤 신나는 일도 인간의 마음을 흡족하게 해주지 못한다는 것을 깨달았다. 그것은 어린아이의 경우에도 마찬가지다.[16]

'더 많이' 바라는 우상 숭배적인 욕구 불만이 타락한 인생의 돌연변이 DNA 속에 있다. 우리 마음이 예수님으로 가득해지기 전까지 우리는 늘 그 속에 있을 것이다. 아우구스티누스가 말했듯이 "우리 마음이 주님 안에서 안식하기 전까지 우리는 늘 불안"하다.[17] 하나님이 사람을 그렇게 만드셨다. 그분 이외의 것으로는 아무리 채워도 결코 만족에 이르지 못한다.

스티븐 알트로게는 이렇게 말한다.

우리가 원하는 것을 가져도 온전히 만족하진 않을 것이다. 하나님이 우리를 사랑하셔서 우리가 당신 안에서 만족을 찾기 원하시기 때문에 달

---

[16] 게리 토마스, *Authentic Faith* (Grand Rapids, MI: Zondervan, 2002), 175쪽.
[17] 성 아우구스티누스, *The Confessions of St. Augustine* (Mineola, NY: Dover Publications, 2002), 1쪽.

리 만족을 찾을 길을 허락하지 않으신다. 우리가 원하는 것을 얻으면 마침내 행복해질 거라고 믿는 것은 거짓이다.[18]

따라서 그리스도로 만족하는지 여부를 판가름하는 시금석은 '더 많은' 것으로뿐 아니라 '더 적은' 것으로도 만족하느냐다.

참된 만족의 비결

바울은 루디아 집에서 풍요로움에 만족하면서도 그 모든 안락함을 언제든 기꺼이 포기할 수 있었다. 그에게는 그리스도가 그 모든 것보다 더 나으셨기 때문이다.

그는 "내가 부자처럼 사는 법을 배웠다"라고 말하지 않고 이렇게 말했다. "나는 그리스도로 인해 부하게 사는 법을 배웠다. 나는 부를 위해 모든 것을 팔아넘기지 않았다. 부는 나의 신이 아니다. 나는 물질적 소유에 집착하지 않았다. 안락함에 집착하지 않았다."

어쩌면 그는 이런 만족을 피력했을 수 있다.

"루디아 집의 요리사가 약간 덜 익힌 소고기 안심을 준비했다. 그것은 내 입에서 살살 녹았다. 놀라운 맛이었다. 다음 날, 나는 그곳을 떠났다. 여자아이에게서 귀신을 쫓아냈고, 다음 날 밤에는 매를 맞고 차꼬에 채워진 채 감옥에서 잤다. 나는 풍요롭게 살면서도 거기 매달리지 않는 법을 알고 있다. 또한 나는 궁핍하게 사는 법과 감옥살이

---

[18] 스티븐 알트로게, *The Greener Grass Conspiracy*(Wheaton, IL: Crossway, 2011), 55-56쪽.

속에서도 좌절하지 않는 법을 알고 있다."

바울이 지적으로나 경험적으로 배운 비밀, 그리고 그가 빌립보 교인들과 우리에게 전해주는 비결은 이것이다. 참된 만족은 어떤 식으로든 상황에 결부되지 않는다. 참만족은 복음과 하나님 나라라는 더 깊은 실재와 결부된다.

주께서 부를 허락하시면 주를 찬양하라. 나는 하나님 나라를 확장하고 그리스도를 영화롭게 하며 그분을 온전히 섬기는 데 그 부를 사용할 것이다. 아낌없이 내놓으며 "모든 것은 주의 것"이라고 말씀드릴 것이다.

궁핍하여 아무것이 없어도 주를 찬양하라. 나는 모든 것을 제공하시는 그분을 신뢰할 것이다. 좋은 일이든 궂은일이든, 내게 어떤 일이 닥쳐도 상관없다. 모두가 나를 좋아하든 미워하든 상관없다. 내가 건강하든 병약하든 상관없다. 모든 일이 나의 원대로 되든 그렇지 않든 상관없다. 나는 모든 것에 만족하는 법을 배웠다. 하나님 말씀과 그분의 섭리에서 배웠다.

몇 년 전 아시아를 방문할 때 몸이 몹시 아팠다. 우리가 향하는 곳은 그리 안전한 지역이 아니었다. 체포당하거나 신변에 해를 입을 수 있다는 이야기도 미리 들었다. 그래서 가뜩이나 마음이 불안했는데 도착할 무렵 몸 상태가 더 악화되었다.

선교 기간 중 8일 동안 나는 아무것도 먹지 못했다. 계속 토하고 입 안이 온통 헐었다. 묘사하기 힘들 정도로 비참한 상태였다. 몸무게가 8킬로그램이나 줄었다.

하는 수 없이 침대에 누워 있기만 했다. 병원도 없었고 더 나아질 방법도 없었다.

하지만 그런 상황에서 나는 주님과 깊은 교제를 경험했다. 이제껏 내가 경험한 교제 중 가장 감미롭고 깊고 아름다웠다. 그 당시 나는 집으로 돌아가지 못할 수도 있다고 생각했다. '이 지저분한 침상에서 내가 죽어가고 있구나.' 하는 생각이 여러 차례 들었다. 솔직히 그것이 하나님의 뜻이라면 빨리 그렇게 되기를 바랐다. 남은 기간 동안 그런 상태가 지속되기를 원치 않았다. 그러나 그 고통스런 와중에, 나는 하나님과 깊고 진지한 대화를 나눴다. 그분은 성령의 능력으로 나를 감미롭게 붙드셨다.

내게는 좋은 집, 킹사이즈 침대, 예쁜 딸들, 튼튼한 아들, 사랑스런 아내가 있다. 근사한 교회, 멋진 친구들, 통장 잔고, 맛있는 음식도 있다. 정말 만족스럽다. 그러나 가족과 비행기로 열세 시간 떨어진 곳에서, 그리스도인들을 적대시하는 문화권에서 병들어 죽게 되었을 때, 나는 하나님의 사랑과 참된 만족을 알게 되었다.

물론 나는 지금의 내 생활에 매우 감사한다. 집에서 식사하는 시간은 정말 소중하다. 어린 딸이 기도하고, 아들이 "아멘"으로 화답한다. 우리는 천천히 식사하면서 이야기를 나누고 웃는다. 정말 귀한 시간이다. 그렇지만 내게 죽음이 닥칠지라도 상관없다. 예수님이 함께 계시기 때문이다.

상황은 문제가 되지 않는다. 내게 사는 것이 그리스도니 죽는 것도 유익하다. 우리 삶은 그분을 위한 것이며, 그분을 향한 것이고, 그분을 통한 것이고, 그분과 함께하는 것이며, 그분에 관한 것이고, 그분 안에 있는 것이다. 빌립보서는 바로 이 메시지를 전하고 있다. 이 때문에 바울은 로마서 16장에서 그랬듯이 이렇게 노래할 수밖에 없었다. "하나님 곧 우리 아버지께 세세 무궁하도록 영광을 돌릴지어다 아멘"(빌 4:20).

기뻐하고, 기뻐하며, 기뻐하라. 하나님은 충분히 위대하시고, 충분히 아름다우시며, 충분히 강하시고, 충분히 자애로우시며, 충분히 완전하시고, 어떤 상황에서나 충분한 버팀목이 되어주신다.

우리가 어디에 있든지, 항상 우리와 함께 계신다.

만족 연습

우리는 삶의 정상과 골짜기들을 하나님과 동행하면서, 그리고 하나님의 말씀과 그 말씀을 적용하면서 만족을 배운다. 우리가 만족을 배우는 것은 주로 곤경에 대처하는 기술이나 안락할 때 자중하는 것을 통해서가 아니다. 그보다는 선하며 자애로우신 우리 하나님을 아는 지식을 통해서다. 따라서 핵심은 어떤 조언이나 유익한 기술을 배우는 것이 아니라 하나님을 아는 것이다.

우리가 하나님을 제대로 안다면, 그리스도 안에서 우리에게 베푸시는 그분의 깊은 사랑과 풍성한 은혜를 안다면, 우리는 결코 상황에 좌우되지 않을 것이다. 빌립보서를 마감하면서 바울이 한 말도 이런 측면에서 이해할 수 있다.

그러나 너희가 내 괴로움에 함께 참여하였으니 잘하였도다 빌립보 사람들아 너희도 알거니와 복음의 시초에 내가 마게도냐를 떠날 때에 주고 받는 내 일에 참여한 교회가 너희 외에 아무도 없었느니라 데살로니가에 있을 때에도 너희가 한 번뿐 아니라 두 번이나 나의 쓸 것을 보내었도다 내가 선물을 구함이 아니요 오직 너희에게 유익하도록 풍성한 열매를 구함이라 내게는 모든 것이 있고 또 풍부한지라 에바브로디도 편에 너희가 준 것을 받으므로 내가 풍족하니 이는 받으실 만한 향기로운 제물이요 하나님을 기쁘시게 한 것이라 나의 하나님이 그리스도 예수 안에서 영광 가운데 그 풍성한 대로 너희 모든 쓸 것을 채우시리라 하나님 곧 우리 아버지께 세세 무궁하도록 영광을 돌릴지어다 아멘 그리스도 예수 안에 있는 성도에게 각각 문안하라 나와 함께 있는 형제들이 너희에게 문안하고 모든 성도들이 너희에게 문안하되 특히 가이사의 집 사람들 중 몇이니라 주 예수 그리스도의 은혜가 너희 심령에 있을지어다(빌 4:14-23).

바울은 영적 슈퍼히어로가 아니었다. 안락할 때나 고통 속에서나, 또 사나 죽으나 만족함을 선언했지만, 14절에서 그는 "너희가 내 괴로움에 함께 참여하였으니 잘하였도다."라고 말한다.

물론 그들이 그렇게 하지 않아도 그는 그리스도 안에서 만족했을 것이다. 그러나 도와준 이들에게 감사를 표하지 못할 정도로 그의 마음이 천상에만 고정되어 있었던 것은 아니다. 그들의 노고에 감사하는 것으로 그는 그들의 성숙함과 열정적으로 그리스도를 추구하는 모습을 칭찬했다. 윌리엄 헨드릭슨은 이렇게 설명한다.

> 바울은 그 선물이 별것 아니었다거나 자신이 그 선물에 감사하지 않는다는 인상을 남기지 않으려고 주의했다. 도리어 그 선물을 매우 기뻐했다. "너희가 내 곤경을 나누었으니 정말 훌륭하다"고 말했다. 그것은 베다니의 마리아가 보여준 것처럼(막 14:6) "훌륭하고 아름다운 행동"이었다는 것이다. 만일 빌립보 교인들이 바울의 곤경을 자신의 것처럼 느낄 정도로 진정한 동정심을 지니지 못했다면 그처럼 관대하게 행동하지 않았을 것이다. 그들은 바울의 곤경에 진심으로 동참했다. 아름다운 친교가 이루어지고 있었다(빌 1:5 참조).[19]

교회의 아름다움이 빛을 발했다. 빌립보서 2장 15절에서 말하듯, 그들은 세상의 빛으로 나타났다. 천상의 시민임을 보여주었다(빌 3:20). 때문에 바울은 그들이 장래의 영광으로 보답 받을 거라고 말한다. 하나님의 부요하심은 무궁무진하며 그 모든 것은 그분의 자녀들을 위한 것이다. 이는 탕자의 비유에서 아버지가 큰아들에게 한 말과 같다. "얘 너는 항상 나와 함께 있으니 내 것이 다 네 것이로되"(눅 15:31).

빌립보 교인들은 그렇게 사는 법을 배웠다. 바울은 그들을 칭찬하며 더 관대한 삶을 살도록 독려했다. 천상의 축복이 기다리고 있음을

---

[19] 윌리엄 헨드릭슨, *New Testament Commentary: Philippians*(Grand Rapids, MI: Baker, 1953), 207쪽.

암시했다. 하나님은 그리스도 예수 안에서 영광 가운데 그 풍성한 대로(그들의 것으로가 아니라 그분의 풍성한 것으로) 그들에게 필요한 모든 것(그들이 원하는 것이 아니라 그들에게 필요한 것)을 공급하실 것이다.

하나님이 우리에게 풍성한 축복을 베푸시는 것은 우리에게 무엇을 빚졌기 때문이 아니다. 측량할 수 없는 은혜로 우리를 사랑하시기 때문이다.

영광 중의 풍성함

주의 재림이 다가오고 있다. 그분의 성육신은 초림이었다. 당시 유대인들은 메시아를 기다리고 있었다. 메시아가 오셔서 십자가에 달려 죽으심으로 죄인들 대신 하나님의 진노를 감당하여 그들을 구속하셨다. 죽음을 물리치고 승리하셨다. 사망의 쏘는 것이 사라졌다. 질병이 힘을 잃었다. 그리스도께서 그 모든 것을 십자가에서 구속하셨다.

이제 우리는 주의 초림과 재림 사이에서 살고 있다. 신학자들이 말하는 '이미, 그러나 아직' 상태에 있다. 속전이 지불되었으나 아직 구속이 완성되지는 않았다.

하지만 그리스도께서 재림하실 날이 다가오고 있다. 성경은 그날이 대부분의 사람들에게 몹시 무서운 날이 될 것임을 말한다. 대부분의 사람들은 산이 자신 위에 무너져 자신을 덮어주기를 바랄 것이다. 그러나 어디에도 숨을 곳이 없을 것이다. 모든 배신과 반역, 악한 말과 사악한 행실, 교만과 나르시시즘, 그리고 하나님을 대적했던 모든 교만이 그분 앞에 밝히 드러날 것이다.

성경을 보면, 우리보다 더 경건하던 사람들도 하나님을 대면한 뒤 두려움에 떨며 땅에 엎드렸다.

예컨대 이사야는 하나님을 뵙고 땅에 엎드려 "화로다 나여 망하게 되었도다"(사 6:5)라고 말했다. 여기서 말하는 "화"는 바리새인들을 향한 예수님의 질책에도 나오는 말이다(마 23:13-36). 이사야가 "화로다 나여"라고 말한 이유는 무엇일까? 그가 "입술이 부정한 사람이요 입술이 부정한 백성 중에 거주하면서 만군의 여호와이신 왕을 뵈었기" 때문이다(사 6:5 참조). 보좌에 앉으신 하나님을 한번 보고서, 이사야는 땅에 엎드려 두려움에 떨며 "화로다 나여"라고 말했다.

전승에 따르면, 사도 요한은 끝까지 변절을 거부하다가 산 채로 끓는 기름 속에 던져졌으나 죽지 않았다. 그리고 유배지인 밧모섬에서 환상 중에 예수님을 뵙고 마치 죽은 사람처럼 땅에 엎드렸다. 도덕적으로나 지적으로나 영적으로나, 모든 면에서 우리보다 수준이 높은 이사야와 요한이 하나님을 뵙고 두려움에 떨었다.

이제 하나님이 참지 않으실 날이 다가오고 있다.

택함받은 자들에게는 그가 풍성한 사랑을 부어주실 것이다. 그날에 하늘이 갈라지고, 주께서 심판하러 다시 오실 것이다. 우리가 행한 모든 것이 밝히 드러날 것이다. 그 어디에도 숨을 곳이 없을 것이다. 그 어떤 거짓말도 통하지 않을 것이다. 마음의 숨은 동기가 모조리 드러날 것이다.

모든 악한 생각과 행동이 철저히 폭로될 것이다. 그날에 우리는 모든 죗값을 대신 지불하신 주님을 의지할 것이다.

성숙한 그리스도인들은 하나님의 일에 진지하며 하나님을 진지하게 갈망한다. 그리스도께서 영광 중에 나타나실 때 그들도 그분과 함께 일으켜지기를 기대하기 때문이다. 우리는 그 풍성한 영광을 보기 원한다. 그분이 항상 우리와 함께 계시길 원한다. 영원한 구원을 원한다. 그러므로 회심에서 멈추지 않고 계속 나아간다. 우리는 주께서 "내가 구원에 필요한 모든 것을 지불했다. 너희의 부요함이 아닌 나의 부요함으로 그렇게 했다"고 말씀하실 것을 믿는다.

그리스도와 함께 다시 살아난 그리스도인으로서 당신은 하나님의 일에 진지한가? 그분을 열정적으로 좇아가며, 더욱 그분을 닮기 위해 애쓰는가? 당신의 생각이 그분께 고정되었다면, 그것을 당신의 삶에 어떻게 적용하고 있는가?

이런 질문들을 대충 얼버무린 채 자신이 개인적으로 그리스도를 좇아가는 일에 몰두하고 있다고 생각하기 쉽다. 우리 스스로 만족하며, 그리스도 안에 있는 참된 만족을 찾도록 유도하는 거룩한 불만을 갖지 못할 수도 있다.

당신은 하나님의 일을 위해 생각을 변화시키고 마음을 고무하기 위해서 무엇을 하고 있는가? 아무 일도 하고 있지 않다면 당신이 진정 바라보며 추구하는 것이 무엇인지 의심스럽다.

어쩌면 당신은 지금 곧 회개해야 할 수도 있다. 빌립보서를 읽는 것만으로 자신의 문제를 찾아내는 사람도 있을 것이다.

우리 중에는 오래도록 교회에 다니고 기독교적인 용어나 올바로 행동하는 법을 배웠으면서도 그 배운 것들을 자신의 삶에 적용하지 못하는 사람이 있다. 그리스도의 영광이 온전히 비치고 모든 사람이 자신의 행실을 고할 날이 도래할 거라는 사실을 진지하게 생각하는 사람이 별로 많지 않은 것 같다. 그날에, 우리도 그와 함께 일으켜질 것이다. 그날에, 그분 안에서 만족을 찾은 자들이 천상의 무한한 기쁨에 참여할 것이다.

지난 2,000년 동안, 복음은 계속 확산되어 왔다.

바울이 빌립보로 갔고, 부유한 CEO였던 루디아가 주님을 알게 되었다. 여종과 간수도 주님을 알게 되었다. 이 뜻밖의 회심자들의 믿음이 자랐고, 믿음이 자라면서 그들도 다른 사람들에게 복음을 전했다. 그래서 위대한 복음(그리스도의 구속 사역을 통해 죄인들을 하나님과 화목케 하는 복음)이 점점 확산되었다. 종족과 언어, 인종의 경계를 넘어 이 나라에서 저 나라로 퍼져나갔고, 세대에서 세대로 전해졌다. 지난 2,000년 동안 아시아, 아프리카, 서구 세계, 뉴잉글랜드, 미국 등지로 계속 확산되었다.

나는 텍사스 주 댈러스에 산다. 복음이 어떻게 이곳까지 이르게 되었는지 아는가? 그 과정을 추적해보면 사도 바울이 빌립보, 에베소, 고린도 등지로 들어갔기 때문임을 알게 된다.

복음이 그런 능력을 지녔다면, 그것은 주님을 향한 우리의 열정을 고무시킬 수 있다. 우리의 생각을 사로잡고 우리의 마음에 호소할 수 있다. 복음이 세상을 변화시킬 수 있다면, 그리스도 예수 안에서 영광 가운데 그 풍성한 대로 우리의 모든 쓸 것을 채워주실 때까지(빌 4:19) 복음은 날마다 우리를 변화시킬 수 있다.

우리는 사도 바울을 비롯한 과거와 현재와 미래의 모든 그리스도인과 함께 이렇게 말할 수 있다.

"(내가) 모든 것을 해로 여김은 내 주 그리스도 예수를 아는 지식이 가장 고상하기 때문이라"(빌 3:8).

진정으로 사는 이는 그리스도시다. 따라서 죽는 것도 유익하다.

사명선언문

너희가 흠이 없고 순전하여……세상에서 그들 가운데 빛들로
나타내며 생명의 말씀을 밝혀 _ 빌 2:15-16

1. 생명을 담겠습니다
만드는 책에 주님 주신 생명을 담겠습니다.
그 책으로 복음을 선포하겠습니다.

2. 말씀을 밝히겠습니다
생명의 근본은 말씀입니다.
말씀을 밝혀 성도와 교회의 성장을 돕겠습니다.

3. 빛이 되겠습니다
시대와 영혼의 어두움을 밝혀 주님 앞으로 이끄는
빛이 되는 책을 만들겠습니다.

4. 순전히 행하겠습니다
책을 만들고 전하는 일과 경영하는 일에 부끄러움이 없는
정직함으로 행하겠습니다.

5. 끝까지 전파하겠습니다
모든 사람에게, 땅 끝까지, 주님 오시는 그날까지
복음을 전하는 사명을 다하겠습니다.

서점 안내

광화문점 서울시 종로구 새문안로 69 구세군회관 1층
02)737-2288(T) 02)737-4623(F)

강남점 서울시 서초구 신반포로 177 반포쇼핑타운 3동 2층
02)595-1211(T) 02)595-3549(F)

구로점 서울시 구로구 시흥대로 577 3층
02)858-8744(T) 02)838-0653(F)

노원점 서울시 노원구 동일로 1366 삼봉빌딩 지하 1층
02)938-7979(T) 02)3391-6169(F)

분당점 경기도 성남시 분당구 황새울로 315 대현빌딩 3층
031)707-5566(T) 031)707-4999(F)

신촌점 서울시 마포구 서강로 144 동인빌딩 8층
02)702-1411(T) 02)702-1131(F)

일산점 경기도 고양시 일산서구 중앙로 1391 레이크타운 지하 1층
031)916-8787(T) 031)916-8788(F)

의정부점 경기도 의정부시 청사로47번길 12 성산타워 3층
031)845-0600(T) 031) 852-6930(F)

인터넷서점 www.lifebook.co.kr